信心之道

信心是神的应许，也是神的命令

信心之道
Faith to Live By

叶光明国际事工版权 © 2016

叶光明事工亚太地区出版

PO Box 2029, Christchurch, New Zealand 8140

admin@dpm.co.nz

叶光明事工出版

版权所有

DPM03

ISBN: 978-1-78263-638-0

目 录

第一章 信心与眼见

信心！

谁能完全测度或传达「信心」这个简短词汇所蕴含的潜能呢？

也许表明信心潜能最清楚的方法，就是将耶稣亲口说过的两句话并列齐观：

「在神凡事都能。」 （马太福音十九章 26 节）

「在信的人，凡事都能。」 （马可福音九章 23 节）

在这两句话中，我们都可以找到「凡事都能」这四个字。第一句是描写神，第二句则是描写那些相信的人。也许接受「在神凡事都能」并不是一件难事 但我们是否能够同样接受「相信的人凡事都能」呢？然而，这的确是耶稣亲口告诉我们的。

从实际的角度上来说，这究竟代表着什么意思呢？这就是说，借着信心，神所能够做到的事，相信的人也同样可以做到。神正是借着信心将祂的可能性赐给我们。借着信心，所有神能够做到的事，我们也同样可以做到。无怪乎圣经由初始到末了，都不断强调信心的独特与极度重要性。

翻译的问题

在继续讨论信心之前，我们首先需要厘清一个语言学方面的误解，因为这样的误解，时常为研读新约圣经的人，造成许多理解的困难。在英文里，我们有两个不同的字：一个是名词「信心」（Faith）；一个是动词「相信」（Believe）。就字源和字形上来说，这两个字之间并没有明显的关连性。因此 许多讲道者会特意区分「相信」和「有信心」这两个字。然而，在新约的希腊原文中，并没有如此特意的区别。

在希腊文中，「信心」这个字是 pistis，而「相信」则是 pisteuo。这个动词是直接由名词衍生出来的：信心：pistis；我相信：pisteuo。这两个字的字根均是由「pist」四个字母构成。就圣经的观点来说，相信就是操练信心。相反地，操练信心就是相信。

当我们转而观察与信心相反的字时，可以再次发现英文与希腊文之间的差异。在英文里「信心」的相反就是「不相信」我们并没有「不信的心」这样的字。但是在希腊文里面，信心与其相反的字之间，却有着直接的关连。「信心」是 pistis；「不相信」则是 apistia（「a」是希腊文代表否定意思的前缀，类似英文的否定前缀「un」表示「不」）。于是，以 pist 这四个字母为字根的希腊字词就是：信心：pistis；不相信：apistisa。

与 pist 这四个字母构成字根相关的，也有形容词 pistos（信实的、相信的）。根据这个字加上否定前缀「a」我们于是有了反义的形容词，apistos（不信实的、不相信的）。

为了能够更清楚地说明，我们将这五个字平行并列：

	希腊文	英文	中文
名词	pistis	faith	信心
名词	apistia	unbelief	不相信
形容词	pistos	faithful	信实的、相信的
形容词	apistos	unfaithful	不信实的、不相信的
动词	pisteuo	I believe	我相信

我们可以清楚看到这五个希腊单字有明显的关连性，都是由字根 pist 所构成。这些字在新约原文圣经里总共出现了六百次之多。仅仅因为如此，我们就可以很清楚地知道，这些字代表了圣经所有启示的中心主题。

信心的定义

希伯来书第十一章的首要主题就是信心，它在开始的第一节就为圣经中的信心下了一个定义。

「信是所望之事的实底，是未见之事的确据。」
（希伯来书十一章 1 节）

（「实底」是代替「确据」的另一个词汇，它比较能将字面上的意义完整表达出来。）

这一节告诉我们两件关于信心的要点。第一，「信是所望之事的实底。」由于信心是如此的真实，所以它被称为「实底」，希腊文是

hupostasis。这个字字面上的意思是「在某物的下方」，或者是「为某物提供基础」的意思。

hupostasis 这字也出现在希伯来书一章 3 节：经文告诉我们耶稣「是神本体的真像」。「真像」这个字就是 hupostasis 的翻译。这节经文的意思是：父神是那永恒、不可见且根本的实体，而神的儿子耶稣基督，则是具体可见的呈现。将同样的意思应用于希伯来书十一章 1 节，我们便可以说，信心是盼望之事「根本的实体」。信心是真实的；它是一个实体。

第二 信心是「对未见之事的确信」；其他翻译的版本则说它是「未见之事的确据」。不论我们喜欢哪一种翻译版本，重点是，信心与那些我们肉眼看不见的事物有关。信心与那些不可见的事物有极密切的关系。

两节之后的希伯来书十一章 3 节中，作者再次强调信心与不可见事物之间的关系：

> 「我们因着信，就知道诸世界是藉神话造成的；
> 这样，所看见的，并不是从显然之物造出来的。」

作者在这里比较两种事物——「看得见的」与「看不见的」。感官使我们与「看得见」的世界产生连结。但信心却让我们穿越「看得见」的世界，伸展到那「看不见」的世界里，到达那创造整个宇宙的根本实体，也就是神的话语。

因此，信心与两个永恒、看不见的实体有关——神自己和祂的话语。圣经中的信心就只有这两个对象。当然，在日常生活的谈话中，我们所指的信心不限于这个定义范围。我们常常谈论到对报章杂志的信心，或者对某种药物、某位政治领袖的信心；然而在圣经中，「信心」一词不是如此使用。圣经中的信心单单与两个「实体」有关 这两个「实体」都不是我们用肉眼可以看见的；那就是：（一）神自己；（二）神的话语。

凭信心，而不凭眼见

保罗在哥林多后书五章 7 节，清楚地论到信心相对于眼见：「因我们行事为人，是凭着信心，不凭着眼见。」如果我们是凭着眼见来

行事为人的话，那就用不着信心了；相反地，如果我们以信心行事为人，那就不需要眼见了。可见「眼见」与「信心」是相对而且是互相排斥的。这个观念与我们天然的思考模式互相矛盾。世界说：「眼见为凭」，但是圣经却将这个次序倒转过来：「首先要相信，然后才能看见。」这个原则非常重要，让我们从圣经中来看看几个说明这个原则的例子。

大卫在诗篇廿七篇 13 节说：「我若不信在活人之地得见耶和华的恩惠，就早已丧胆了。」哪一样在先呢？是相信还是看见？答案是：相信。这个对诗人大卫是真实的原则，对我们也同样真实。我们如果不相信可以见到耶和华的恩惠，就会丧胆失意。使我们不丧胆、不失意的，不是眼所见的景况，而是信心的对象。

希伯来书十一章 27 节对摩西的谈论也符合这样的原则：「他因着信，就离开埃及，不怕王怒；因为他恒心忍耐，如同看见那看不见的主。」

在摩西眼见的景况里，没有任何一件事可以为他带来盼望或鼓舞，虽然事事尽不如意，他仍然忍耐到底，因为他能「看见那看不见的」。他是如何做到的呢？是靠着信心。信心使我们能够「看见那看不见的」，因此无论景况如何令人失望，我们仍然忍耐坚立。

我们再来看看约翰福音第十一章，耶稣使拉撒路从死里复活的例子。第 39 ～ 40 节当中说到：

> 「耶稣说：『你们把石头挪开』那死人的姐姐马大对他说：『主啊，他现在必是臭了，因为他死了已经四天了』耶稣说：『我不是对你说过，你若信，就必看见神的荣耀吗？』」

耶稣在这里要求马大，也要求所有渴望看见神荣耀的人，要「相信我们必能看见」。我们并不是要先看见，然后才相信。乃是先相信，然后便可以看见，这是相信的结果。信心先于眼见。

在这里我们发现新性情与旧性情之间的根本冲突。旧性情是依靠感官生活的，凡事都要求先看见。然而，神必须释放我们脱离旧的生活方式，赐给我们一个新性情和崭新的生活方式。这样的新性情我可以说：「即使看不见，我也以此为满足。我不凭眼见，乃凭信心而行。」

在哥林多后书四章 17 ～ 18 节再次以「能见」和「不能见」之间的相对关系来挑战我们：

> 「我们这至暂至轻的苦楚，要为我们成就极重无比、永远的荣

耀。原来我们不是顾念所见的，乃是顾念所不见的；因为所见的是暂时的，所不见的是永远的。」

保罗在这里的措辞刻意带有似非而是的矛盾，他说要「顾念所不见的」。我们如何能做到呢？答案只有一个——就是凭着信心！

「原来」这个字是含有重要意义的：「原来我们不是顾念所见的」。这个词所强调的，与摩西由忍耐试炼所学习到的功课，是一样的。在神的旨意之下，患难对于信徒们来说，有着极大的帮助。它锻炼、强化我们的品格，预备我们去承受未来永恒的荣耀。然而，唯有当我们注目在那看不见的领域时，这些患难才能真正对我们有正面的帮助。如果我们没有这样的看见，却汲汲营营追求那短暂和感官的世界，我们便无法得到苦难原本要带给我们的好处。

因此，我们面前有两个世界，一个是短暂的，一个是永恒的。那短暂的是可见的，可以感官接触；但那永恒的，才是神盼望我们永久居住的世界。通往那世界的唯一通道，就是信心。信心就是那个能够帮助我们通往神和祂的话语的唯一办法。

摘要

信心提升我们，超越我们自身能力所及，让神的可能成为我们的可能。

信心让我们可以和两个看不见的实体有所链接：神和祂的话语。当我们借着信心，维持与神的关系时，就能够忍耐并且克服日常生活中所面临的试炼和困难。这些试炼和困难，也成为神展现祂的美善和荣耀的机会。

在信心和眼见之间，永远存在着对立的关系。既然我们的老我身处在感官的世界之中，它便时时要求「眼见」。我们既然身为基督徒，便需要培养新性情，以使我们不凭其他的确据，单单信靠神和祂的话语。

第二章 信心与盼望

在第一章里，我们讨论了信心和眼见——也就是相信和看见之间的差异。在这一章里，我们将讨论信心和盼望的不同。这两者之间的区别也是今日在基督徒当中，造成误解的最大原因之一。许多基督徒在祷告时，因为得不到自己认为该得的，便感到灰心失望。其原因往往是因为他们只在盼望中祷告，而不是在信心中祈求。神对信心的应许不等同于对盼望的应许。

两者之间有何分别？我们又怎样区别信心与盼望呢？

一、信心发自内心

信心和盼望第一个主要的差别，是信心出自内心，而盼望则出自头脑。保罗在罗马书十章 10 节说：「因为人心里相信，就可以称义。」(For with the heart man believeth unto righteousness，KJV) 圣经所论的真实信心是源自内心，所以「相信」这个动词之后紧接的是 unto（就可以）这个介系词，意指相信所产生的结果就可以称义。「就可以」这词表示某种程度的移动和转变。信心绝不是静态的，它永远表达移动、改变和活跃的含意。一个人若真实地相信，他的生命一定会按着他所相信的带出相应的改变。

相反地，一个人若不是从心里相信，而只是以理智接纳真理，他会依然故我，毫无改变。以头脑（理智）来接受真理，而不是信心。若要产生信心，必须让真理穿过理智，进入生命的中心与源头，也就是我们称之为心的地方。真理若是以头脑的理智来接受，可能没有生命力，无法结出果子来；然而，以信心接受至内心的真理，却总是活泼，能够改变生命，且大有功效。

在箴言四章 23 节，所罗门劝诫我们：「你要保守你心，胜过保守一切，因为一生的果效是由心发出。」每一个影响生命方向的决定，都是从心里发出的。符合圣经原则的真实信心，就是从心里发出，并且决定我们生活的方式。这并不仅是一个存在我们理智上的概念，而是一种运行在我们心中的真实活泼力量。

　　然而，神并不是不顾念我们的头脑。信心在心中运作之后，便会在头脑中产生盼望。这个道理与信心的定义一致，如同我们先前所讨论的希伯来书十一章 1 节：「信就是所望之事的实底」。内心的信心就是实底，那根本的事实。因着这信心，运作于头脑中的盼望才能得到有效、并且合乎圣经原则的基础。

　　保罗在帖撒罗尼迦前书五章 8 节中，提到在我们个性中分别受到信心和盼望影响的不同部分：「我们既然属乎白昼，就应当谨守，把信和爱当作护心镜遮胸，把得救的盼望当作头盔戴上。」

　　信心和爱心是护心镜，而护心镜则是用来保护心的盾牌；盼望是头盔，而头盔是用来保护头脑（或思想）的。

　　在区分信心与盼望时，我们并不轻看盼望。盼望，根据圣经的意思，是对于美好事物极有信心的期待，是一个稳定、坚持的乐观态度。它可以保护我们的思想。每一位基督徒一天廿四小时都应该穿戴着这顶头盔，因为一旦我们将盼望的头盔弃之不用，便会退缩到消极的思想和悲观的意念当中，于是我们的理智在面对魔鬼狡猾的攻击时，便会变得不堪一击了。

　　基督徒的乐观主义并不是一场不切实际的白日梦，也不仅是带着愿望的思想，它必须坚定、单单扎根在圣经的话语和应许上。例如罗马书八章 28 节告诉我们：「我们晓得万事都互相效力，叫爱神的人得益处，就是按祂旨意被召的人。」既然神使万事互相效力，好叫我们得益处，我们除了秉持乐观的态度之外，还能有其他什么态度呢？

　　不过，要把这段经文应用于生活中，首先必须检视，我们是否符合经文所描写的情况。我们真的爱慕神吗？我们是否愿意完成祂在我们身上的旨意呢？答案若是肯定，那么，神叫万事、所有事件、所有情况互相效力，都是为着我们的益处。唯一能够使我们作合理选择的理智态度就只有：乐观面对。由此看来，基督徒若悲观消极，事实上，他便是否认了自己的信心。

　　这个例子再次肯定我们先前所讨论的：信心是盼望实在的基础。我们首先必须真实地相信罗马书八章 28 节所告诉我们的——万事互相效力，要叫我们得益处。我们若相信这个应许，除了盼望，便别无选择；但倘若我们不信，盼望便失去了确实的基础。

　　在此可以归纳出两种不同的盼望，它们看起来相似，但在其中一

点上，却有着天壤之别。第一种盼望是建立在内心真实的信心上，因此它是有效的盼望。当时候到了，这个期待终必实现。第二种盼望只是存在于头脑之中，缺乏任何内在真实信心的根基，因此并没有符合圣经的有效性。这样的期待终究必使人失望。除非我们学会如何区别这两种不同的盼望，否则便可能抱持着一些无法实现的盼望，仍浑然不知。

二、信心是现在式

信心和盼望的第二个主要差异就是，信心是现在的，而盼望则是将来的。信心是一个实体，一个已经存在的实体；盼望则是一个期待，一个面对未来的期待。

我服事神这么多年以来，有无以数计的人来到我面前说：「我非常有信心；请你为我祷告。」我还记得有一个男士曾经对我说：「我拥有世上所有的信心。」我常常打趣地想，这真不公平，因为他没有留下任何信心给我们其他的人！说真的，每次只要一听见有人说：「我非常有信心」时，我的心就一沉，因为我过去的经验告诉我，他们一定得不到自认为有信心得到的东西。尽管他们抱持着绝对真诚的心，但因为他们将信心和盼望混为一谈，所以他们的盼望也就永远无法实现。

这样的事情很容易发生，因为正如我们刚刚讨论的，盼望存在于头脑，而信心存在于心中。我们对于自己头脑里的思想往往甚为熟悉，但是要了解内心就困难许多了。有时在思想中产生强烈的期望，我们就错误地将它当作信心，但事实上它却只是盼望。没有了必要的信心基础，我们当然看不见所望之事的结果。

信心具有不可预测的特质，这又反映出人心亦难以预测的本性。有时我「觉得」自己很有信心，但并没有结果出现；有时我「觉得」没有信心 但却惊喜地看见神的作为。我能够「感觉」到的所谓的信心，其实发自头脑，是内心真实信心的代替品。但另外有些时候，我们感觉到的有效信心是从自己的内心发出，有时连自己也不知道，但却有着惊人的结果！

许多人说：「我信神会医治我」，他的真正意思是：「我希望神明

天医治我。」这不是信心,因为信心不是明天的事;信心是我们现在所拥有的。倘若我们把期望放在将来,就是以盼望取代信心。

几年前,当我还在剑桥大学读书的时候,学校提供我一个到雅典研究希腊古迹的机会。我不久便失去了研究希腊雕像和遗址的兴趣,反而对于现今居住在希腊的人民,产生了一股愈来愈浓厚的兴趣。我有一位朋友,他和我一同从剑桥大学来作研究,当我们每天早晨步出饭店时,就有一群擦鞋小童守候在门外,坚持要为我们擦鞋。如果你未曾到过地中海国家旅行的话,你一定不知道这些擦鞋小童的固执。他们绝不会接受「不」这个回答。我们刚到的前两、三天,当我们步出饭店,试着向他们说:「欧气!(Ochi)」,同时头向后仰、并且吐出不屑的气音。这是希腊人说「不!」的方式。但是这个回答却一点用也没有,那些男孩仍然跑来擦我们的鞋子。

大概在第四天的时候,我朋友尝试用另一种不同的策略。在下一次我们走出旅馆大门时,这些男孩一如往常蜂拥而至要来擦我们的鞋子时,我的朋友直接看着他们的脸说:「Avrio」。男孩们听见,犹豫了一下,我们就趁机走开了。你猜猜看『Avrio』是什么意思?那是「明天」的意思。

过了几年,我在成为基督徒之后回想起这件事,就不禁想到,这相当类似于魔鬼有时拿来欺骗基督徒的伎俩。当我们为自己寻求医治,或为所爱的亲友得救代祷时,魔鬼并不会直接对我们说,我们得不到所寻求的东西。牠不会说:「你得不到医治」,或者「你所爱的人不会得救」之类的话。因为这样说,我们绝对不会轻易相信。相反地,如果牠说:「不错,你将会得到你所求的,不过并非今日,而是明天!」如此,我们就会分辨不清自己正在寻求什么。我们会乐意接受魔鬼的「明天」,却不接受牠的「不!」我们有的只是盼望,而非信心。

然而,神对我们的旨意并不会延迟到明天。牠说:「现在正是『悦纳的时候』,现在正是『拯救的日子』。」(参考哥林多后书六章 2 节)神活在永恒的现在之中。对于信心,牠从未启示自己为「我过去是」或者「我将来是」,而是「我现在是」。

当信心触摸到神,永远都是「现在式」。

我们若将这个原则应用在对神的祷告中,我们的祷告生活将会大有改变。在马可福音十一章 24 节中,耶稣告诉我们:「所以我告诉你们,凡是你们祷告祈求的,无论是什么,只要信是得着的,就必得着。」

耶稣说何时得着呢？是将来未确定的时刻吗？不是！是在我们祷告的时候。我们「祈求」的时刻，就是我们「得着」的时刻。我们知道，我们祈求的东西以后「必要赐给我们」。虽然「赐给」是未来才会发生的，但凭信心「得着」则是在我们祷告之时就已经发生。

现在，我们既然凭着信心而得着，就能知道，我们在祷告时已经得着的东西，必定在神所定的时候，真实地赐给我们。凭着信心得着是现在的事，而显明所得着的则是将来的事。然而，没有现在的信心，就无法确保将来的显明。

在希伯来书四章 3 节中，作者将相信的动作以完成式的时态来表达：「但我们已经相信的人得以进入那安息。」(For we who have believed enter that rest)「相信」在这里被视为已经完成的动作，因此不需一信再信。已经相信之后，我们就得以「进入安息」，不再挣扎和忧虑。我们知道，借着信心得着的东西将会在适当的时候，在我们的经验当中显明。

「得着」是我们的行动，而「显明」则是神的作为。

摘要

虽然信心和盼望有着紧密的关系，但两者之间仍然有重要的差异。第一，信心是从内心发出；而盼望则存在于头脑之中。第二，信心是现在式，它是一个实体、一个我们已经拥有的东西；而盼望则是指向未来，对将来事物的期待。

以内在真实信心为根基的盼望，将不会带来失望。然而一旦没有这个根基，我们的盼望就没有实现的确据。

盼望虽是神赐给我们头脑思想的特别保护，但它并不能让我们得到神应许的果效，因为这些应许只单单针对我们的信心。要得到我们向神祷告的应允，必须凭着信心，在祈求的时候便心存信心。当我们如此行，便能免于持续的挣扎和焦虑，也能进入内心真正的安息。

第三章 信心是恩赐

根据新约圣经的描述，信心有许多不同的层面。其中最重要的特质，与希伯来书十一章一节的定义一致：「信就是所望之事的实底，是未见之事的确据。」

信心有以下所列的三种主要形态：

一、赖以生存的信心。

二、带出恩赐的信心。

三、结出果实的信心。

第一种信心的形态，是个人与神持续且直接的关系，它深深影响着生命的每一个部分，赋予人动力，引导人前进，使人有能力去做每一件事。事实上，它是过信仰生活唯一并充分的基础，因此我们称它为「赖以生活的信心」。

本书从第五章起，将会彻底地查考这一类的信心。但首先，我们将在本章讨论信心的恩赐；接着在下一章，我们将会讨论信心的果子。

属灵恩赐的本质

保罗在哥林多前书第十二章中，详细讨论圣灵的恩赐。他在这一章开宗明义地说到：「弟兄们，论到属灵的恩赐，我不愿意你们不明白。」

接着在第 7 ～ 11 节里，他列出九种不同的恩赐：

「圣灵显在各人身上，是叫人得益处。这人蒙圣灵赐他智慧的言语，那人也蒙这位圣灵赐他知识的言语。又有一人蒙这位圣灵赐他信心，还有一人蒙这位圣灵赐他医病的恩赐。又叫一人能行异能，又叫一人能作先知，又叫一人能辨别诸灵，又叫一人能说方言，又叫一人能翻方言。这一切都是这位圣灵所运行，随己意分给各人的。」

能够解释这些恩赐独特性质的关键词，就是「彰显」。圣灵活在圣徒里面，是肉眼看不见的，但借着这些恩赐在圣徒的身上运作，圣

灵的同在就向人的感官彰显出来。不论是什么恩赐，其产生的结果是在感官的范围内，让人可以听见、看见、甚至感觉到。

既然这些恩赐是圣灵的彰显，不属于信徒自己的个性，而属于信徒里面那位有位格的圣灵，那么这些恩赐的性质就都是超自然的。不论是哪一种恩赐，它们所产生的结果都要比信徒靠自己能力所能达成的，层次来得更高。每一种恩赐的发挥都是透过圣灵直接、超自然的运行。透过信徒，圣灵借着这些恩赐走出那肉眼看不见的领域，直接影响着这个属物质的时空世界。

保罗建立了两个关于属灵恩赐的实践要点。第一，它们单单按着圣灵的意思，为了服事圣徒的目的而赐给人。人的意愿或功劳，不是得到属灵恩赐的基础。第二，恩赐是「圣灵显在各人身上……叫人得益处」，它是为了有益且实用的目的。正如鲍伯· 孟弗特（Bob Mumford）所说：「圣灵恩赐是工具，而不是玩具。」

这九种恩赐，通常被人分作三大类：

表达类的恩赐——透过信徒发声器官运作的恩赐：包括说预言、方言及翻译方言。

启示类的恩赐——传递圣灵亮光的恩赐：包括智能的言语、知识的言语及辨别诸灵。

能力的恩赐——在物质界里彰显神超自然大能的恩赐：包括信心、医病的恩赐及行神迹。

拥有神的信心

接下来我们要讨论信心的恩赐。这恩赐是能力的恩赐之一。它之所以与其他的信心恩赐有所不同，是由于它是圣灵透过信徒，其大能及超自然的彰显。其中两个关键词是「大能」和「超自然」。

在马太福音第廿一章和马可福音第十一章，记载了耶稣与门徒在往耶路撒冷的路上，途中经过一棵无花果树。耶稣寻找果子，当祂发现树上只有叶子却没有果子时，就诅咒这棵树，说：

「从今以后，永没有人吃你的果子。」（马可福音十一章 14 节）

隔天，当他们经过这棵树时，门徒惊讶地发现，这棵无花果树竟在廿四小时之内，连根都枯干了。

彼得说：「拉比，请看，祢所咒诅的无花果树，已经枯干了。」（马可福音十一章 21 节）耶稣回答说：「你们当信服神。」（马可福音十一章 22 节）这是一般性的翻译。然而，耶稣实际上所说的，就字面上的意义来说，就是：

「你们要有神的信心。」这句话正说到我们现在讨论的信心的特别类型——也就是信心的恩赐。信心的根源不是人，而是神。它是神永恒的本性之一（在本书最后一章中，我们会有较完整的讨论）。透过信心的恩赐，圣灵将神的一部分信心，直接并超自然地分赐给圣徒。这是属神层次的信心，正如天高过地，这种信心亦高过人的信心。

当耶稣说：「要有神的信心」时，便是向门徒发出挑战，要他们接受并运用这样的信心，如同耶稣自己所做的。耶稣继续对他们说，拥有这样的信心之后，他们不仅能够像祂一样叫无花果树枯干，甚至能够一发命令，便叫山移动。

> 「耶稣回答说：我实在告诉你们，你们若有信心，不疑惑，不但能行无花果树上所行的事，就是对这座山说：『你挪开此地，投在海里！』也必成就。」　　　　　　（马太福音廿一章 21 节）

按马可福音十一章 23 节的记载，耶稣不单指着门徒说：「你们若有信心……」，更使用「无论何人」来将祂的应许扩展至所有信徒：「我实在告诉你们，无论何人对这座山说，你挪开此地投在海里。他若心里不疑惑，只信他所说的必成，就必给他成了。」耶稣没有为这类的信心限定范围。祂所使用的语句包含所有人：「无论何人……他所说的……就必给他成了。」不论说这话的是什么人，说的是什么话，重要的是信心的本质：他拥有的必须是神的信心。

路加福音八章 22 ～ 25 节，记述耶稣和门徒坐在船上，横渡加利利海，突然风浪大作，耶稣却在船尾沉沉地睡着了。门徒叫醒耶稣，说：「夫子！夫子！我们丧命啦！」耶稣醒了，斥责狂风大浪，风浪便止住平静了。

很明显的，耶稣在那时运用的信心不是普通人的信心，因为在一般的情形下，风浪并不受人的控制。但是在那需要的时刻，耶稣从神领受了信心。于是，祂借着信心发出命令，成就了只有神能做的事，

立刻使风浪平静下来。

危险过后,耶稣转过身来问门徒:「你们的信心在哪里呢?」换言之,祂问:「为什么你们不能做这事呢?为什么一定要由我来做呢?」祂暗示门徒,他们其实可以像祂一样轻松地叫风浪止息,只要运用正确的信心。不过,在那面临危机的时刻,暴风雨为门徒的感官所带来的震撼,也让恐惧有机会进入他们的心,恐惧一旦进入心中,信心就被排斥出去了。相反地,耶稣对天父敞开内心,接受了超自然的信心恩赐,使祂有足够的能力来对抗风浪。

重要的是质,而不是量

之后,耶稣再次遇见不同的风浪——一个癫痫病发作的孩子,在地上打滚,他的父亲痛苦不已,向耶稣寻求帮助。耶稣看待这个事件,就像看待加利利海上的风浪一样。祂说了一句满有权柄的信心话语,就将鬼赶出孩童的身体。事后门徒询问祂,为何他们不能也这样做,耶稣坦白地对他们说:

> 「是因你们的信心小。我实在告诉你们,你们若有信心,像一粒芥菜种,就是对这座山说:『你从这边挪到那边』,它也必挪去;并且你们没有一件不能做的事了。」
>
> (马太福音十七章 20 节)

耶稣在这里使用芥菜种作为量的衡量标准。马太福音十三章 32 节告诉我们说「芥菜种是百种里最小的」。换句话说,耶稣告诉我们,信心的量并不重要,重要的是信心的质。就算如芥菜种一样小的信心,也足够挪移大山!

就在耶稣正要进入在世使命的巅峰之际,祂在拉撒路的坟前,又再次借着话语展现了这种信心的能力。祂大声呼叫说:「拉撒路出来!」(约翰福音十一章 43 节)

虽然只是简短的命令,一个已经死了且被埋葬的人,因为超自然的信心而恢复活力,他活生生并健全地走出了自己的坟墓。

我们可以在神创造天地的行动上,找到这种信心最原始的形式。神以自己的话语,借着信心,创造宇宙万物。「诸天藉耶和华的命而造;万象藉祂口中的气而成……因为祂说有,就有,命立,就立。」(诗篇

卅三篇 6、9 节）神所说的话语，借着圣灵的大能，就成了创造万物的原动力。

当信心的恩赐在一个人的心中运行时，那人就成了神信心的导管。那时，说话的人本身不再重要，重要的是他所表现出来的信心。倘若这是神的信心亲自运行，那么不论是神亲口发出命令，或是圣灵透过信徒的口说出，其果效是完全一样的。只要信徒运用神的信心，他的话就如同神亲口说话一样有力。重要的是信心，而不是人。

在上述的例子中，这种超自然的信心是透过言语表达出来的。耶稣借着口中的话叫无花果树枯干，叫风浪平息，将邪灵从害癫痫的男孩身上赶出，使拉撒路复活并走出坟墓。在马可福音十一章 23 节，祂将此一应许延伸至所有出于信心的话语。耶稣说：「无论何人……只信他所说的必成，就必给他成了。」

有时祷告中的一句话，会成为信心恩赐的导管。雅各书五章 15 节告诉我们，「出于信心的祈祷」可使病人康复。我们不需怀疑这种祷告的果效，它必定会带出结果。以神所赐予的信心祷告是无法抵抗的，没有任何违反神旨意的疾病或情况可以抵挡它。

雅各用以利亚作为「信心祷告」的模范。以利亚祷告，天就三年零六个月不下雨；他又祷告，天就降下雨来（参雅各书五章 17 ~ 18 节）。从圣经记载可知，降雨或不降雨，是神亲自行使的属天权柄（参考申命记十一章 13 ~ 17 节；耶利米书五章 24 节，十四章 22 节）。以利亚代表神使用这样的权柄达三年半之久。雅各强调：「以利亚与我们是一样性情的人」，他是与我们其他人一样的人类。但只因他能够以神的信心来祷告，他所说的话语就如同神发出的命令一样有果效。

不过，这类信心不一定要透过口中的言语来运作。耶稣曾使用同样的超然信心，行走在波涛汹涌的加利利海上（参考马太福音十四章 25 ~ 33 节）。在这个例子中，耶稣并不需要说话，而只是行走在海面上。彼得也开始效法耶稣的榜样，运用同样的信心。这信心让他也能做耶稣所做的事，行走在海面上。不过，后来当他将焦点从耶稣的身上转移至身旁的海浪时，他的信心就离开了，于是他便开始下沉。

耶稣对这件事的评论非常具有启发性。祂说：「你这小信的人哪，为什么疑惑呢？」（马太福音十四章 31 节）耶稣并没有因为彼得想走在水面上而责备他，而是责备他半途失去信心。唐·巴珊（Don Basham）曾经指出，每个人的心中都有一种神圣的驱策力，想以超

自然的信心走在超过自己能力所及的层面之上。既然这是神放在人里面的驱策力，祂就不会责备人有这样的欲望。相反地，祂愿意赐给我们这样的信心，使我们能够做到。祂之所以失望，并不是因为我们想要拥有这样的信心，而是因为我们不能持久地抓住它。

神有主动权

神赐下这种超自然的信心，是为了特定的情况、特定的需要。神拥有直接的主权，这权力永远是属祂的，因为这信心是祂自己的。祂按着己意分派或收回这样的信心。对于其他各种超自然的恩赐也是一样。

关于这一点，保罗说：「这一切都是这位圣灵所运行、随己意分给各人的。」（哥林多前书十二章 11 节）

这里的关键词就是「随己意」。恩赐何时赐下、由谁来彰显，完全在于神的决定。主动权在于神，而不在于人。

在耶稣的事工中也是如此。祂并没有咒诅所有不结果子的无花果树，也没有平静每一次的风浪；祂没有使所有的死人复活，也不是天天行在水面上。祂小心谨慎地把主动权交在父神的手中。

在约翰福音五章 19 节中，祂说：「子凭着自己不能做什么，唯有看见父所做的，子才能做；父所做的事，子也照样做。」

在约翰福音十四章 10 节中，祂又说：「我对你们所说的话，不是凭着自己说的，乃是住在我里面的父做祂自己的事。」主动权永远在乎神。

我们必须学习像耶稣一样，在与父神的关系上虔敬谨慎。我们没有权力去支配信心的恩赐，那不是用来满足我们个人的幻想和野心。信心是神按己意运行，为要达成祂永恒旨意所要完成的目的。我们不能、也无法夺取神的主动权，即使神容许我们这样做，它最终也将造成我们的损失。

被描绘为如同「芥菜种」的信心恩赐，如同其他两项启示的恩赐——智能的言语和知识的言语。智慧用以指导人；而知识给予讯息。神是全智全知的，但很幸运地，祂并没有将这重担加在我们身上。当我们需要指导时，祂就超自然地将一个「智慧的言语」赐给我们，这

是祂智慧谷仓中的一颗「芥菜种」。或者，当我们需要讯息时，祂就赐下一个「知识的言语」，这是知识谷仓中的一颗「芥菜种」。

信心的恩赐也是一样。神拥有所有的信心，但祂并没有将全部的信心赐给我们。当我们需要比自己的信心还更高一层的信心时，神就从祂的仓库中掏出一颗「芥菜种」。一旦当这个特别的需要被满足时，神就会收回祂的信心，让我们再次操练自己的信心。

为传福音受装备

就另外一个观点来说，正如我们先前所讨论的，信心的恩赐密切连接与其他两项能力的恩赐——医病的恩赐和行神迹的恩赐。在应用上，信心的恩赐往往是其他两项恩赐的催化剂，促使它们运作。腓利在撒玛利亚的事工就是一个很好例子。使徒行传八章 5 ～ 8 节记载：

> 「腓利下撒玛利亚城去，宣讲基督。众人听见了，又看见腓利所行的神迹，就同心合意地听从他的话。因为有许多人被污鬼附着，那些鬼大声呼叫，从他们身上出来；还有许多瘫痪的、瘸腿的，都得了医治。在那城里，就大有欢喜。」

在事奉的第一阶段，腓利赶出污鬼。正如我们在马太福音十七章 17 ～ 20 节和其他经文中，从耶稣的示范所看见的——祂是借着口中所说的话语，透过行使信心的恩赐而成就的。在腓利事奉的第二阶段，医病与行神迹这两项恩赐就出现了。于是他行使神迹，使瘸腿的、瘫痪的都得了医治。

在使徒行传廿一章 8 节中，腓利被称为「传福音的」。新约中只有两个传福音者的真实模范：那就是耶稣与腓利的模范。在他们的事奉中，赶鬼、行神迹和医治，都是他们非常重要的事工。信心、行神迹和医治这三项恩赐，共同组成超自然的装备，为新约所认可，更是传福音的工具。

摘要

信心的恩赐是保罗列举在哥林多前书十二章 7 ～ 11 节中的九种圣灵恩赐之一。每一种恩赐都是圣灵超自然的彰显，它们内住在信徒

里面，透过信徒来行使。

借着信心的恩赐，圣灵暂时将神自己的信心赐给信徒。这是属天层次的信心，远超过人类的信心。信心的重点不在于量，而在乎质。即使如同一颗「芥菜种」般渺小的信心，也足以移动一座大山。

信心的恩赐常常透过口中的话语来行使，但这却不是唯一行使信心的方法。也许在祷告当中，我们便透过口中所说的话来行使信心的恩赐。借着这个恩赐，耶稣使一棵无花果树在廿四小时之内枯萎，使海上的风浪止息，使邪灵被赶出患癫痫的男孩身上，使拉撒路复活，也让自己可以行走在狂风大浪的水面上。

神将行使这种信心恩赐的驱策力放在人的里面，因此，祂并不会因为我们想要行使这种信心恩赐而责怪我们。相反地，我们若很快地放弃这种渴望，祂才会感到失望。然而，如同耶稣服事的榜样一样，主动权永远在乎神。

信心的恩赐可以作为医治和行神迹这两个相关恩赐的催化剂。这三个恩赐结合在一起，便是新约圣经所认可的福音事工之装备。

第四章　信心是圣灵果子

在上一章中，我们讨论了保罗在哥林多前书十二章 8 ～ 10 节所列的九种属灵恩赐，在本章，我们将讨论保罗在加拉太书五章 22 ～ 23 节所列的九种圣灵的果子：「圣灵所结的果子（单数）就是仁爱（爱心）、喜乐、和平、忍耐、恩慈、良善、信实（faith，即信心）、温柔、节制……。」

圣灵果子的第七种形式就是「信心」，有些圣经译本翻译为「信实」、「忠诚」、「可靠」。然而，保罗在这里所使用的希腊名词为 pistis，正如我们在第一章所讨论的，这个字在整本新约当中，都是「信心」的基本字根。

在我们开始研究这个特别形式的果子之前，首先应该清楚分别恩赐与广义的果子之间，到底有着什么样的关系，它们两者之间有着什么样的差异？

果子与恩赐

分辨两者差异的方法之一，就是想象一棵圣诞树与一棵苹果树并列的情况。圣诞树只能悬挂礼物；而苹果树却可以结果子。将一个礼品挂上圣诞树或者摘下来，只须一个简单的动作。那个礼品可能是一件衣服，而圣诞树可能是一棵杉树，树本身与礼物之间并没有必然的关系。从礼物本身，我们并不能判断树木的本质。

苹果树就截然不同了，苹果与树木之间有着直接的关联，树木的本质决定果子的本质，不论是在品种还是质量方面。苹果树绝对无法结出橘子。好树结出好果子；坏树结出坏果子（参考马太福音七章 17 ～ 20 节）。苹果树不是单靠一个简单的动作就可以结出果子来，而是需要有稳定、持续的成长和培育的过程。要生产品种优良的果子，必须细心培养果树，这需要很多的时间、技术和劳力。

让我们把这个简单的比喻应用在属灵的方面。属灵的恩赐（译注：在英文中，恩赐和礼物是同一个字，即 gift）是借着一次简单的交流，就赏赐给人和被人接受。从恩赐本身并不能看出使用恩赐之人的本质。但相反地，圣灵的果子却能表现出结果者的本性；它是成长过程的唯

一结果。只有经过耐心培育的生命才能结出优良的果实来，它需要付出时间、技术和劳力的代价。

我们也可以用另一种方式来说明两者之间的分别：恩赐表现能力；果子展现品格。

哪一样比较重要呢？就长远来说，无疑地，品格比能力更重要，恩赐的使用是暂时的。正如保罗在哥林多前书十三章8～13节所说的，恩赐终有不被需要的一天，但品格却是永恒的。今生养成的品格，决定了我们在永恒中的样式。总有一天，我们终将放下恩赐，但品格却是跟随我们，直到永恒。

不过，我们不需要为了选择其一，而牺牲另一。恩赐并不排斥果子；果子也不排斥恩赐。相反地，它们是互补的。恩赐是品格的具体表达，在耶稣本身就是一个很好的例子。祂满有爱心、恩慈的品格，这就是属灵恩赐发挥的极致。只有透过恩赐，祂才能满足所服事之人的需要；并且这些恩赐也展现了天父的本性，因为祂来的目的，就是为了见证祂（参考约翰福音十四章9～10节）。

我们应当效法祂的榜样。我们若愿像耶稣，培养爱心、关怀和怜悯的品格，自然就更加需要和祂一样的恩赐，来展现这些品格。我们若将这些恩赐装备得愈完全，就愈有能力像耶稣一样去荣耀神，我们的天父。

信靠的信心

果子是展现品格的。当九种圣灵果子完全地发展而彰显出来时，便表示基督徒的完整品格已成长成熟，每一种果子都可以满足某一种特别的需要，彼此之间也可以互补。在这个完整的品格中，信心的果子可以分为两方面来讨论，这两方面也呼应着两个虽不同但却相关的希腊字 pistis 的用法。第一是信靠；第二则是信实。

为了帮助我们了解信心果子的第一层意义，耶路撒冷圣经（the Jerusalem Bible）将 pistis 译为「信赖」（trustfulness）。耶稣曾经多次强调进入天国的一个必要条件，就是回转像小孩子（参考马太福音十九章13～14节；马可福音十章13～15节；路加福音十八章16～17节）。大概没有其他的品格像信赖一样，如此鲜明地反映出小孩子的特性。但耐人寻味的是，这项特质的极致多半展现在灵命成熟、

敬虔的人身上——例如亚伯拉罕、摩西、大卫和保罗。因此可以说，我们培养这种果子的程度，可供衡量我们属灵生命的成熟度。

更进一步来说，信心的圣灵果子可以定义为对神的良善、智慧、信实具有平静、稳定、不摇动的信靠。结出这种果子的人，无论遭遇什么试炼或灾难，都可以在其中处之泰然。他有着不可动摇的信心，相信神仍然掌管一切状况，使万事互相效力，叫祂每一个儿女都得着益处。

这种信靠的外在表现就是保持稳定从容。大卫将这幅美丽的图画描绘在诗篇一二五篇 1 节：「倚靠耶和华的人，好像锡安山，永不动摇。」

尽管地上众山可能动摇，甚至完全被挪移，但却有一座山——锡安山，是永不动摇的，因为这是神拣选为居所的山。只有它能够永远屹立不摇。

学会信靠神的信徒就像锡安山一样，周遭的人可能惊慌、困惑，但他却仍然平静安稳。

「耶和华所立的根基在圣山上。」　　　　　　（诗篇八十七篇 1 节）

大约在一九六〇年代，我在非洲肯尼亚西部的一所师范学院担任院长的职务。有一位名叫阿格内塔（Agneta）的女学生患了伤寒病。我和妻子去医院探望她，发现她病情严重，已陷入昏迷。我祈求神使她苏醒过来，好让我有机会跟她说说话。不一会儿，她便睁开眼睛望着我。

「阿格内塔，」我问她：「你确实知道你的灵魂在主手中吗？」

「是的。」她以清晰且肯定的声音回答我之后，又立刻陷入昏迷了。不过这时的我已经感到心满意足了。那一句「是的」是她唯一需要说的，也是我唯一需要听见的话。那表明了她深入、不困惑的信靠，是这世上没有任何事物可以动摇或推翻的信靠。

这种信靠的秘诀，在于全然交托。这事发生的一年前，阿格内塔已经将自己全然交托给主耶稣，当时我也在场。现在，在这面临考验的时刻——可能是在永生门坎之前，她已不须再作更进一步的交托，只需要在从前的交托中安息，这个交托包括了生前与死后、今世与永恒。

后来神在恰当的时刻，应允了阿格内塔同学们的祷告，使她再次

苏醒，并且全然康复。她能够「接受」别人为她祷告的能力，大部分在于她信靠的态度。

大卫在诗篇卅七篇 5 节说：「当将你的事交托耶和华，并倚靠祂，祂就必成全。」照字面的意思翻译，最后一句也可以译为「祂正成全」。有两件事是我们必须先做的，一是「交托」的行动；第二则是「信靠」的态度。交托的行动会带出信靠的态度，大卫保证，我们只要持续抱着信靠态度，神便「正在成全」。换句话说，神正在成就我们交托给祂的事，我们这样信靠的态度，便成为一条流通的管道，使神能够参与我们的生活，成就我们的需求。但我们若放弃信靠，就将管道给关闭了，而神已经开始的工作也因此受到阻碍，无法完成。

将一件事情交托给神，就像将钱存在银行的储蓄账户里。一旦我们拿到银行行员开出的存款收据，就不用担心存进去的钱是否安全，因为这是银行的责任，不是我们的责任。有些人信任银行能够保管他所存放的金钱，却不能将一些重要或个人的事情交托给神，相信祂会看顾这一切，这真是多么讽刺呀！

银行存款的例子，说明了一个成功交托的因素。当我们走出银行，手上拿着的银行收据注明日期、地点和存款金额，我们不会有什么不稳妥的感觉。对于我们交托给神的事情，应该也是一样。我们需要知道，并且毫无疑惑地确定，我们交托了什么，何时交托，以及在哪里交托。同时也需要圣灵的正式「收据」这样便能肯定神已接纳了我们的交托。

信靠必须培养

信靠就好像所有的果子一样，需要经过培养，经历各个成长阶段，才能完全成熟。

大卫在诗篇第六十二篇中，清楚说明了信靠的成长过程，他在第 2 节说：「唯独祂是我的盘石，我的拯救；祂是我的高台，我必不很动摇。」但第 6 节，在宣告对神同样的信靠之后，他说：「我必不动摇」。从第 2 节到第 6 节之间，大卫由「不很动摇」发展至完全「不动摇」。（在第七章里，我们将更详尽地讨论，以再次肯定「承认」我们信心的必要。）

我们应该像大卫一样对自我诚实。在信靠尚未成熟之前，我们只能说：「我必不很动摇！」在这个阶段里，困难与反对的力量会摇动我们，不过却不能打倒我们。然而，只要我们继续培养信靠之心，终

能到达成熟的阶段，到那时我们可以说：「我必不动摇。」就是这样，没有其他附加的条件。再没有事物可以动摇我们，更别说是打倒我们了。

这类信靠的态度是属灵的，而不是属情绪的。让我们再来看看大卫个人的见证。在诗篇五十六篇 3 节中，他对主说：「我惧怕的时候要信靠祢。」大卫在他里面看见两股冲突的力量同时运行：信靠和惧怕。不过惧怕是表面的，是属情绪的；信靠却是深入的，是属灵层面的。

成熟的信靠好似奔腾的江水，锐不可当地奔向海洋，有时，惧怕或疑惑的狂风迎面吹来，在水面掀起波涛巨浪，但这些狂风巨浪却无法改变或阻挡水面之下奔腾的江水潮流，它仍然沿着河床上的水道，滔滔奔向最终目的地——海洋。

保罗在提摩太后书一章 12 节中，优美地描述了这种完全成熟的信靠：「为这缘故，我也受这些苦难。然而我不以为耻；因为知道我所信的是谁，也深信祂能保全我所交付祂的，直到那日。」用属世的标准来看，保罗说这话时是完全失败的。他有一些最有影响力的朋友和支持者转而反对他，所有曾与他亲近的同工都离开了，只剩路加一个人留下来陪伴他。这些同工当中，有一位名叫底马的，竟然离弃了他，回到属世的生活。保罗已经年老并且身体衰弱，还带着手铐，在罗马监狱里等待不公平的审判，和残酷、腐败暴君的处决。但是他却以平静、不动摇的信念说：「我不以为耻……我知道……我相信……我深信……」超越了时间界限，保罗期待着问心无愧的「那日」——当那位公义的审判者为他戴上「公义冠冕」的那日子（参考提摩太后书四章 8 节）。

不论对于保罗或是大卫来说，「信靠」是「交托」行动的结果。

正如保罗所说：「祂能保全我们所交托祂的……」「信靠」是「交托」的结果。几年以前，保罗坚定不移地委身于基督。因着这样的委身，他虽在往后经历一连串的苦难与煎熬，却能生出不断加深的信靠，直到被关进罗马地牢里时，他的信靠便结出饱满的果实，发出极大的光芒，照亮幽暗漆黑的牢房。

信实的信心

现在，让我们来看信心果子的第二个意义：信实。事实上，信实

在希腊原文里的原意即为 pistis。根据安迪特和金瑞奇（Arndt and Gingrich's）新约希腊文标准辞典，pistis 的第一层涵义是「信实、可靠」。如果我们翻回旧约圣经，这样的定义也适用于希伯来文的信心这个字—emunah。其第一重涵义为「信实」；第二重涵义则是「信心」。从这个字衍生出来的动词就是「阿门」（Amen）——「愿如此成就」、「愿此坚立」的意思，此概念根源于「坚固、可靠」。

信靠和信实这两种意义十分相近，两者的意义都集合在神自己的位格和属性中。如果我们将信心视为信靠，那么它的终极基础则是神的信实。如果我们将信心视为信实，那么惟有透过我们的信靠，圣灵才能够将神的信实赐给我们。神自己是信心的创始成终者。祂的信实是我们信靠的唯一根基；对祂的信靠便会在我们里面生出祂的信实。

也许再也没有其他神的属性，在整本圣经中比祂的信实更被强调了。在旧约中，有一个希伯来字，是特别用来指称这个属性的，那就是：chesed。许多版本圣经以不同的翻译来表达这个字的意义：「良善」、「仁爱」、「恩慈」、「怜悯」等等。然而，没有一种翻译能够完全地表达它的真义。

神的 chesed 有两个特征：

（一）表达出神白白的恩典。这恩典为人所不配得、也无权要求的。

（二）它永远建立在神主动订立的盟约上。

将这两种特征组合起来，我们可以说，chesed 是神成就盟约的信实，这样的承诺是世人所不配的、也无权要求的。

因此，我们在 emunah：信心（信实）、chesed：神的信实、和 berith：盟约，三者之间，找到一个紧密相连的关系。

这也是诗篇第八十九篇不断重复的主题：

「只是我的信实（emunah）和我的慈爱（chesed）要与他同在……」 （第 24 节）

「我要为他存留我的慈爱（chesed），直到永远；我与他立的约（berith）必要坚定（amen）。」 （第 28 节）

「只是我必不将我的慈爱（chesed）全然收回，也必不叫我

的信实（emunah）废弃。」 （第 33 节）

「我必不背弃我的约（berith），也不改变我口中所出的。」

（第 34 节）

最后一节指出了神的信实与祂口中话语之间特别的关连。有两件事是神永远不会做的：打破祂的约和背弃自己的话。借着圣灵的工作，神的信实在我们里面产生同样的品格，使我们成为正直、诚实的人。

大卫在诗篇十五篇 1 节提出了两个问题：「耶和华啊，谁能寄居祢的帐幕？谁能住在祢的圣山？」在接下来的经节里，他便回答自己的问题，列出了十一种品格。在第 4 节中，他列出了第九个条件：「他发了誓，虽然自己吃亏也不更改。」

神期待信徒忠于自己的承诺，就算必须作出牺牲，也在所不辞。有句俗语说：「人如其言」，基督徒若不守信用、不忠于自己的承诺，就表示他信实的果子还未发育成熟。

因为神要求我们对人信实，我们对其他基督徒便有特殊的责任。正如我们刚刚所讨论的，神的信实（chesed）是建基在祂的盟约（berith）上。借着耶稣基督，神带领我们进入了与祂自己、与他人的盟约关系中。这种关系带有的特殊印记，就是我们对神和对其他信徒所展现的信实，这信实是神丰盛、白白地亲自向我们显现的。

我们已经知道，神在盟约的承诺中所展现的 chesed，是根据祂的恩典，这恩典不是我们这些接受者所配得的，更无权要求，这样的特性也反映在我们与其他信徒的盟约中。我们不要为自己设限，仅仅以达到合理的要求或法律契约的要求为满足。我们应该预备自己作完全的承诺，就像神与我们建立的盟约一样——可以为别人舍命。

「主为我们舍命，我们从此就知道何为爱；我们也当为弟兄舍命。」 （约翰一书三章 16 节）

借着舍己牺牲，我们就能进入与神、与人完全的盟约关系。圣经描绘了末日道德标准堕落的可怕情况，这情况也成了现今世代结束的印记：

「你该知道，末世必有危险的日子来到。因为那时人要专顾自己，贪爱钱财、自夸、狂傲、谤渎、违背父母、忘恩负义、心

不圣洁、无亲情、不解怨、好说谗言、不能自约、性情凶暴、不爱良善、卖主卖友、任意妄为、自高自大、爱宴乐、不爱神。有敬虔的外貌，却背了敬虔的实意；这等人你要躲开。」

（提摩太后书三章 1～5 节）

根据泰尔辞典（Thayer's lexicon）的解释，「不解怨」在希腊原文的意思为「不愿进入盟约的关系」。全世界将远离盟约的伦理道德要求——事实上，现今早已是如此。正当世界陷入黑暗的深渊之际，神的子民应比过去更加坚定地走在彼此相交的光中。我们必须表明自己是自愿、且有资格进入并维持彼此相交所需的盟约关系中。

为这缘故，我们必须培养信实的果子，使它长大成熟。

摘要

圣灵的果子和属灵的恩赐之间，有两个主要的差别。第一，属灵的恩赐可以在一次简短的交流中，被赐予、被接受；圣灵的果子则必须经过长时间的培养，需要时间、技巧和劳力。第二，恩赐与运用它的人之间，并没有直接的关连性；而果子则是品格的彰显。理想的情况下，果子和恩赐应该彼此平衡，结合起来荣耀神、服事人。

信心是圣灵果子其中之一，可以解释为两种不同、但却相关的形式：信靠和信实。

信靠是在坚固稳定中被彰显出来，一个人的信靠愈是成熟，他就愈是坚固稳定。它需要以委身作为第一步，「交托」可以带来「信靠」。

我们的信靠是奠定在神的信实（希伯来文 chesed）之上。神借着成就祂盟约的承诺，向我们展现祂的信实，这承诺不是我们配得、也不是我们可以要求而得着的。因着祂的信实，我们愿意并且能够进入和维持对神、对人盟约的承诺。

第五章 赖以生存的信心

大约在公元前六世纪，神赐给哈巴谷先知一个启示，这启示也为福音奠定了基础：

「……惟义人因信得生。」（哈巴谷书二章 4 节，直译：义人要靠信心生活）。这个预言确切地表达出基督教信仰的中心主题，在新约中曾被引用过三次：罗马书一章 17 节；加拉太书三章 11 节；希伯来书十章 38 节。

唯一的基础：信心

这三节经文中，罗马书的经文对哈巴谷的预言解释得最详尽。事实上，它也成为了整卷罗马书的中心主题。为了对罗马书全书有正确的诠释，我们可以用大作曲家贝多芬的交响乐来作为比喻。第一章开头的十五节是导论，第 16、17 节则是保罗要表达的首要主题：「惟义人必因信得生。」

整首交响乐曲可以分成三个乐章：

第一乐章：第一至第八章，保罗使用的方法是教义式的。他详细地分析主题，表明这主题是如何与众预言和旧约的模式相互呼应。第二乐章：第九至十一章，保罗在此将主题应用于以色列，指出以色列试图靠行为称义，而不是藉信心称义，这使他们瞎了眼睛，看不见弥赛亚，因而失去了神要借着弥赛亚赐给他们的祝福。第三乐章：第十二至十六章，保罗在这里所强调的是应用的问题，教导我们这主题必须如何在不同的场合、关系和日常生活的责任上实践出来。

如果我们要对交响乐有正确的欣赏，就必须找出作曲家最初所要表达的主题，并且在聆听整首乐曲之时，循着这个主题来聆听。除非我们把这主题放在心中，否则就无法充分欣赏后来乐章中的变化及其发展。同样的原则亦可应用于罗马书。首先，我们必须抓住全书的主题：「义人因信得生」，然后在我们阅读本书主要段落时，紧紧抓住这个主题，并留意它是如何被应用在不同的议题上，这样的方法可以帮助我们对全书的统合和一致性，有更多的理解。

保罗在罗马书一章 16 节中，论到经历神救恩大能的基本条件之一：

「我不以福音为耻；这福音本是神的大能，要救一切相信的，
先是犹太人，后是希利尼人（希腊人）。」

在这里指出救恩是赐给「一切相信的人——先是犹太人，后是希
利尼人」，并没有例外。无论任何宗教或种族背景，都不重要。神一
视同仁地拯救全人类的恩典，只有一项简单、不变的条件，那就是信心。

在第17节，保罗继续解释如何认识救恩真理：

「因为神的义正在这福音上显明出来。这义是本于信，以至于
信。如经上所记：『义人必因信得生。』」

「信」在这一节中一共出现了三次。神的启示是本于信，以至于
信。启示是源于神自己的信心——相信祂的话语必要成就它所预定的
旨意。这旨意透过传递之人来传达，并借着接受信息之人的信心来应
用。这信息的内容是：「义人必因信得生。」从头至尾，其主题就是信心。

让我们更仔细去了解这信息的意义：「义人必因信得生」。显然，
「生」一词在这里并非单指一般的肉体生命，这种生命即使是坏人与
不敬虔的人也拥有。但圣经却告诉我们还有另一种的生命是只有从神
那儿才能获得的——公义的生命。获得这种生命的唯一途径，就是透
过相信耶稣基督。

在使徒约翰所写的福音书当中，他不断描述这种神圣永恒的生命。
一开始，在约翰福音一章4节中，他向我们谈到耶稣说：「生命在祂
里头。」

在约翰福音三章36节，他又引用施洗约翰为耶稣所作的见证：「信
子的人有永生。」

在约翰福音六章47节中，耶稣自己说：「信的人有永生。」

然后在约翰福音十章10节，祂又说：「我来了，是要叫羊得生命，
并且得的更丰盛。」

而在约翰福音十章27～28节，祂说：「我的羊听我的声音，我
也认识他们，他们也跟着我。我又赐给他们永生……。」

最后，在福音书的结尾，约翰道出了福音书的主要目的，就是：「要
叫你们信耶稣是基督，是神的儿子，并且叫你们信了祂，就可以因祂
的名得生命。」（约翰福音二十章31节）

约翰一书第五章再次回到这个主题：

「这见证就是神赐给我们永生；这永生也是在祂儿子里面。人有了神的儿子就有生命，没有神的儿子就没有生命。我将这些话写给你们信奉神儿子之名的人，要叫你们知道自己有永生。」(约翰一书五章 11 ～ 13 节)

约翰所使用的时态全部是现在式，这一点非常重要。「人有了神的儿子就有生命。」相信耶稣的你已经有永生了。

保罗也以简单生动的词句，论到在基督里的生命。在腓立比书一章 21 节中，他说：「我活着就是基督……」，在歌罗西书三章 4 节，他说：「基督是我们的生命。」

对于保罗和约翰来说，永生是现在的事实，并非只是将来的盼望。这就是福音信息的本质。神圣、永恒的生命之唯一源头就是神，神使我们在基督里得着这生命。当我们凭信心接受耶稣进入我们的心，让祂作我们生命的主，并全然地顺服祂时，我们在祂里面便得着神自己的生命。这生命不是在另一世界或在未来才有，而是我们此时此地就能经历的。

「人有了神的儿子就有生命」，是现在已经拥有，并且持续到永生。当我们真心相信耶稣基督的那一刻起，便立刻开始享受永生。

当我们透过在基督里的信心领受了这个新生命之后，接下来所面对的挑战，就是要在每天实际的生活中，活出这生命的样式。要如何才能做到呢？答案很简单：凭信心。这也是保罗在一开始表达的主题：「义人必因信得生。」从实际的观点来看，「生」这个词的含意是很广泛的，我们随时的行动都包括在它的范围之内：饮食、睡眠、工作和其它不可胜数的维生活动。透过信心，每一项平凡的活动，都足以展现在我们里面的属神生命。

我们往往以为日常生活的行为并没有属灵的重要性，也不是应用信心的所在。但事实上，圣经的教导却是恰恰相反。惟有当我们成功地将信心应用于日常生活的琐事时，神才会提升我们属灵的责任。

耶稣在路加福音十六章 10 ～ 11 节，立下了这个原则：「人在最小的事上忠心，在大事上也忠心；在最小的事上不义，在大事上也不义。倘若你们在不义的钱财上不忠心，谁还把那真实的钱财托付你们呢？」

惟有当我们在金钱和「最小的事上」应用信心之后，神才会将更大的责任和真实的属灵财富托付给我们。

所以，当我们检视如何将信心运用于日常生活，必须思考两个现实的问题：饮食与钱财。经过多年的观察，我得到一个结论，就是一个学会在这两方面上运用信心的信徒，就很可能过着成功的基督徒生活。

相反地，如果一个人不将这些基本的事情，带到神的权柄之下，那么通常就显示出他的整个生命需要有所调整。

出于信心的饮食

我们前面已经说过，罗马书的第三个「交响乐」乐章，着重于讨论信心的实际应用，它是从第十二章开始讨论这主题。如何开始呢？是从一些不食人间烟火的事物谈起吗？不！刚好相反，从开始的第一节，便从我们的身体开始谈起：

「所以弟兄们，我以神的慈悲劝你们，将身体献上，当作活祭，是圣洁的，是神所喜悦的。你们如此事奉乃是理所当然的。」
（罗马书十二章 1 节）

保罗告诉我们，我们「属灵的敬拜事奉」包括将身体献给神。换句话说，「属灵」其实是非常实际、非常生活化的，并且从我们对身体的使用开始！（在第十章中，我们将仔细检视「将身体献给神」之后所带出的果效。）

保罗从这点开始接着讨论与基督徒生活有关的各种实际问题。在第十四章，他谈到饮食。（对我们的身体来说，当然没有比饮食更加重要的事了！）他论到两种信徒：「有人信百物都可吃；但那软弱的，只吃蔬菜。」（罗马书十四章 2 节）保罗并没有斩钉截铁地说：吃肉是错的，只有吃蔬菜才是对的，或吃菜是错的，只有吃肉才是对的。相反地，他只是说，只要是出于信心的任何行为都是对的，若不出于信心，都是错的。因此，他在本章的最后一节作出结论：「若有疑心而吃的，就必有罪。因为他吃不是出于信心。凡不出于信心的都是罪。」（罗马书十四章 23 节）

保罗的结论并非限于讨论吃菜或吃肉的问题，而是更进一步地再次肯定罗马书开始的主题。在罗马书一章 17 节他明确地说到：「义人必因信得生。」（义人要靠信心生活）而在罗马书十四章 23 节，他在

此以反面的方式陈述同一原则:「凡不是出于信心的都是罪。」不论是从正面或反面来看,其结论都是一样:

信心是义人生活的唯一基础!

因此,让我们接受运用信心吃喝的挑战吧!神要我们「凭信心而吃」。这是何等奇怪的要求。究竟怎样才能实际应用这项原则呢?

这原则包括以下几点:首先,我们必须承认需要倚靠神供应食物。食物是神给我们的礼物。祂若不供给,我们就会挨饿。其次,我们要为食物感谢神。

为食物感谢神之后,接着是第三,如同保罗在提摩太前书四章4～5节的解释:「凡神所造的物都是好的;若感谢着领受,就没有一样可弃的,都因神的道和人的祈求成为圣洁了。」

当我们存着感恩的心领受食物时,它就是「洁净」的:事实上也成了「神圣」之物,是神为了我们的好处而设计的。即使本来有不洁净或有害的成份在食物中,靠着感恩的祷告而彰显的信心,它们的影响也就消失了。

第四、「凭信心而吃」的涵义远超过桌上的食物。食物是活力的源头,而神又是食物的源头,所以活力本身就是神的礼物。我们切不可自私或不道德地恣意运用,相反地,我们有责任要将它奉献在事奉神、荣耀神的事上。

因此,当我们在饮食上应用信心的原则时,生活的这个部分就会有崭新的意义,也能明白保罗劝勉哥林多信徒的话:「你们或吃或喝,无论做什么,都要为荣耀神而行。」(哥林多前书十章31节)

借着信心,甚至连日常的三餐也开始具有圣餐的特质,我们藉此分享吃喝来荣耀神。这也就是在五旬节领受圣灵的早期基督徒生命当中,最立即、也是最明显的果效之一。他们的饮食成了崇拜与赞美的属灵筵席。

在使徒行传二章46～47节中,路加这样记载:「他们天天同心合意,恒切地在殿里,且在家中擘饼,存着欢喜、诚实的心用饭,赞美神,得众民的喜爱。主将得救的人天天加给他们。」

这些基督徒吃饭的方法有一些与众不同的地方,这方法使他们得到未信之邻舍的爱,并为主赢得他们的灵魂。今日,当我们在饮食的方面运用信心的原则,便可以像他们一样!

既然「凭信心而吃」的影响是如此深远，那么不凭信心而吃，又有什么后果呢？请翻到传道书，我们可以看到经文生动地描写不凭信心而吃的人。（很少基督徒肯花时间研究传道书，但如果以其他比较熟悉的经文来诠释这卷书，就会发现它蕴藏许多宝藏。）

所罗门几乎在整卷书中描写在圣经其他地方称作「属血气的人」的生活——这等人因为没有信心，所以过着没有属神恩典与知识的生活。在传道书五章 17 节中，所罗门描写这样的人在餐桌前的景况：「……终身在黑暗中吃喝，多有烦恼，又有病患呕气。」

这是何等惊人的话！「在黑暗中吃喝」是什么意思？这就是「凭信心而吃」的相反。这样的人不知道食物是神的礼物，也不为食物而感谢神。所以这食物既不蒙神祝福 也无法得到洁净。结果怎么样呢？「多有烦恼，又有病患呕气。」不凭信心而吃，就是邀请烦恼、疾病和怒气进入自己的生活。

我们已经详细查考如何在日常生活的饮食上运用信心的原则，因此，现在就能够更全面地了解罗马书一章 17 节的意思——「义人必因信得生」。我们现在可以了解，信心是属天生命的管道。愈多运用信心，就愈能享受生命。应用信心的每一项行动都彰显了属天的生命。我们的生命因此不再单调平凡，反而可以变得新鲜、活泼、喜乐，成为敬拜赞美神的时刻。

财务上的信心

日常生活中另一个需要应用信心的领域，就是财务和物质供应的问题。整本圣经处处可见神有能力供应祂百姓需要的应许和见证——即使人为和自然的源头都断绝了，神仍旧能供应。哥林多后书九章 8 节最能够强调这一点：「神能将各样的恩惠多多地加给你们，使你们凡事常常充足，能多行各样善事。」这一节很值得我们仔细思考。

我们译为「各样」（every）的这一词，在希腊文中即是「全部的」（all）。因此，在圣经原文中，「多多」（abound，即「充足」abundance）一共出现了两次，而 all（全部的）则出现了五次。语言真是难以表达神丰富供应祂百姓各方面需要的能力！这节经文所展现的供应程度不单是足够，而是「丰富」。

人们在生活的物质供应上，实际上有三个层次：不足、足够、丰

富。我们可以用家庭主妇买菜这个日常生活的简单例子来说明。如果她需要购买十五元的菜,而她皮包里却只有十元的情况下,这便是不足;若是她需要十五元的菜,而她也正好有十五元,这便是足够;若她需要买十五元的菜,却有二十元可以买,那便是丰富了。

在这个极其简单的例子中,我们看见妇人用钱币来购物的情况。不过,必须强调的一点是,「丰富」并不全然是指金钱或物质上的财富。丰富单单指着神供应我们一切所需——甚至还有余可以分给别人。耶稣本身便是这种丰富最完美的例子。祂没有固定的居所,没有物质上的财产,没有大笔的金钱——虽然祂的门徒之一犹大确实带着放有他人奉献的金钱(参考约翰福音十二章 6 节;十三章 29 节),但耶稣自己从来没有缺乏过,也没有使和祂在一起的人们缺乏过。

当彼得接到通知,要在短时间内缴纳税款,耶稣并没有吩咐他向掌管钱囊的犹大拿钱,而是差他往加利利海去,从鱼的嘴巴里拿钱(参考马太福音十七章 24 ~ 27 节)。这段经文引起了一个有趣的问题,到银行兑现支票,和到海边撒网,究竟哪一个比较容易?当然后者比较令人兴奋!

另一次,耶稣被一万二千名饥饿的人群团团围住(参考约翰福音六章 5 ~ 13 节)。祂从一个小孩那里得到五个饼和两条鱼,在向天父感恩之后,便喂饱了所有群众,而且还剩下十二篮零碎。这就是丰富!这是个令人吃惊的例子,也是一个凭信心为食物感谢神而显出超自然果效的明证。

而后,耶稣差遣门徒出外传道,但却不让他们随身携带额外的供应(参考路加福音九章 1 ~ 3 节,十章 1 ~ 4 节)。祂在世上事奉的后期,也提醒门徒这方面的事,并询问他们曾经缺乏过什么。

门徒回答说:「没有。」(路加福音廿二章 35 节)这就是丰富!

我个人曾于不同的时期在两个国家作过宣教士。根据我的观察,我了解到,一位宣教士可能有房子、汽车和薪水的供应,但却仍然缺乏许多所需的东西。丰富的关键不在于金钱或物质的拥有,而在于信心!

面对这些耶稣生活的范例,我们也许会说:「祂可是耶稣啊!我们不能期望和祂一样呀!」

不过,耶稣自己告诉我们说:「我实实在在地告诉你们,我所做

的事，信我的人也要做……」（约翰福音十四章 12 节）

同样地，使徒约翰曾亲眼见证耶稣的生活，他这样告诉我们：「人若说他住在主里面，就该自己照主所行的去行。」（约翰一书二章 6 节）耶稣已立下了凭信心生活的榜样，并且邀请我们跟随祂。

如果我们仍然迟迟犹豫不敢接受这个挑战，可能是我们未能了解神恩典的领域。哥林多后书九章 8 节的关键词就是恩典：「神能将各样的恩惠多多地加给你们……」，得到供应的基础不是人的智慧和才能，而是神的恩典。

因此，要使自己可以享受恩典，我们必须认识使恩典运作的两个关键原则：

第一个原则记载在约翰福音一章 17 节：「律法本是借着摩西传的；恩典和真理都是由耶稣基督来的。」恩典只由一条管道——耶稣基督，不是借着遵行任何律法或宗教的体制而获得，而是单单透过基督。

第二个原则记载在以弗所书二章 8～9 节：「你们得救是本乎恩，也因着信；……不是出于行为，免得有人自夸。」恩典并非我们努力达到或赚取的一切，唯一能够让我们享用恩典的方法，就是借着信心。假如我们把自己设限于应得或可以赚取的框框中，那就无法运用信心，因此也无法享受神全部的恩典。

如何应用这些原则在财务的领域呢？首先我们必须强调，神绝不祝福诡诈、懒惰，或对金钱不负责任的人。

箴言十章 4 节告诉我们：「手懒的，要受贫穷；手勤的，却要富足。」保罗在以弗所书四章 28 节说：「从前偷窃的，不要再偷；总要劳力，亲手做正经事，就可有余分给那缺少的人。」神期望我们按照自己的能力诚实工作，不单照顾自己的需要，也能有余力帮助缺乏的人。保罗在帖撒罗尼迦后书三章 10 节更是强调说：「若有人不肯做工，就不可吃饭。」神不会供给那些诡诈或懒惰的人。

然而，可能有时我们虽然诚实负责，全力以赴来供应自己以及倚靠我们的人，却仍发现自己仅刚好足够，或甚至有所不足。恩典的信息就是，我们不需要接受神的旨意就是这样。我们可以凭信心仰望神，相信祂会透过耶稣基督用祂拣选的方式，提升我们到拥有更多供应的层次，远超过我们的智慧与能力所及。

神的供应是全体性的

在我们结束讨论供应这个主题之前，我们还需要认识一项重要的原则：神对祂子民的供应是全体性的。祂并不视我们为彼此疏离的个体，而是基督身上的肢体，以相互委身的强韧连结而彼此结合。

在指出基督是教会的头之后，保罗在以弗所书四章 16 节中描述神想要让这个身体如何运作：「全身都靠祂联络得合式，百节各按各职，照着各体的功用彼此相助，便叫身体渐渐增长，在爱中建立自己。」

保罗在此强调「关节」的重要性。它们有两种功能：一、连接各体；二、作为供应的管道。

「关节」代表了不同肢体间的关系，如果关系正常，神的供应就能到达全身，肢体不会有任何欠缺。但是关节若不适当地运作——也就是说，如果各肢体没有正确地相互连接——那么基督身体就会有些地方缺乏受苦。这种情形的发生并非神的供应不足，而单单是因为我们错误的态度和关系拦阻了祂的供应，使这供应无法送达有需要的肢体。

在旧约中，当神拯救以色列出埃及，祂以一种非常实际的方式来教导他们这个原则。那时两三百万人在贫瘠的旷野，没有任何正常的食物供应。为了能够满足他们的需求，神每夜从天降下吗哪供应他们。每天早晨在吗哪被太阳的热气溶化之前，人们必须出外收取吗哪。每个人恰好所需的份量是一「俄梅珥」。当这样的供应持续了一段时间，有些以色列人收取多一点，有些人少收取一点，他们就彼此分享，结果发现居然每个人所分到的都是刚好足够——恰好是每人一「俄梅珥」！（参考出埃及记十六章 14～18 节）。然而，如果他们不肯彼此分享，那就会有人吃不饱。显然，神可以安排每个人都收取足够自己吃的份量，可是祂并不这样做，因为祂要教导祂的百姓彼此照顾。

这个原则一直持续到新约。在哥林多后书第八章中，保罗写到他在马其顿和亚该亚的教会中，为犹大境内的贫穷犹太信徒收特别奉献的事情。他向哥林多人解释，这就是神平均供应基督身体中各个肢体的方法，并不是要剥夺或连累他人。

为了实践这个原则，保罗引用了以色列人在旷野彼此分享吗哪的例子。他在 13～15 节中说到：「我原不是要别人轻省，你们受累，乃要均平。就是要你们的富余 现在可以补他们的不足 使他们的富余，

将来也可以补你们的不足，这就均平了。如经上所记：『多收的也没有余，少收的也没有缺。』」

　　这就是圣灵降临后，耶路撒冷的初代教会会众实施的原则。路加在使徒行传四章 32 ～ 35 节中记载：「那许多信的人都是一心一意的，没有一人说他的东西有一样是自己的，都是大家公用。使徒大有能力，见证主耶稣复活；众人也都蒙大恩。内中也没有一个缺乏的；因为人人将田产房屋都卖了，把所卖的价银拿来，放在使徒脚前，照各人所需用的，分给各人。」这里有三点是紧密相连的。一、「使徒见证主耶稣复活」；二、「众人也都蒙恩」；三、「内中没有一个缺乏的」。

　　靠着神赐给信徒显而易见的恩典，强化了使徒口中的见证，实际的结果就是，所有信徒的需要都被满足了。这样，神的全体信徒为神的恩典作出了一个持续的见证，使人看见神能充足供应他们生活各方面的需要。

　　今天我们的世界也需要看见同样的见证——一群与神连结的基督徒，因着在基督里的信心和彼此之间的委身，他们所有的需要都得到满足。

信心无可取代

　　我们与神的关系有两个面向，圣经对这两面都同样强调。就如我们刚刚所看到的，正面就是在信心的基础上，神将祂丰盛的恩惠赐给我们。但从反面来看，神拒绝我们藉由其他任何事物来亲近祂。

　　希伯来书十一章 6 节最能强调这一点：「人非有信，就不能得神的喜悦；因为到神面前来的人必须信有神，且信祂赏赐那寻求祂的人。」

　　如果有人问，我们需要做什么才能讨神的喜悦？如果按我们自己的想法，相信很少人能以这节经文来回答。人们常常尝试以信心之外的其他方式来讨神的喜悦：借着道德、好行为、成为教会会友、慈善捐款、祷告，或其他宗教活动等。但是，若没有信心，这些全都不会被主所接纳。不论我们做什么，不论我们的动机是多么好、多么真诚或者热心，这些全都不能取代信心。没有信心的人不能讨神的喜悦，绝不可能！

　　所以，我们只能以神单一、不变的要求来到祂面前：「必须信有神，且信祂赏赐那寻求祂的人」。有两件事是我们需要相信的。第一，我

们必须按着神的所是来相信祂。大多数的人都相信神是存在的，但这种相信本身并不足够，我们还必须相信神会赏赐那些寻求祂的人。这样就不是单单相信祂存在的事实，而是相信祂的本质了。我们必须相信神良善的本质——祂是信实、可靠的。这样对神的相信，可以使我们超越教条或神学，也为神和信祂的人之间，建立了直接的个人关系。

我们曾在第一章中说到，信心使我们与两个看不见的对象产生链接：神与祂的话语。现在我们要更进一步来讨论。信心的终极目标不是其他事物，而是神本身。没错，我们是相信神的话，但我们之所以会这么做是因为祂的话语就是祂本身的延伸。我们对神话语的信心，是建立在我们对祂本质的信心之上。如果我们停止对神的相信，那么也终将停止对祂话语的相信。

最重要的是，单单相信一套信条或一种神学思想，并不是终极的目标。人的信心若无法超越这个层面，就无法认识神赐给我们的生命是何等完全与丰富。神的最终目的，是要我们建立最直接、最亲密的个人关系。这关系一旦被建立，它就会启发、引导和支持我们的一切所行 也会成为生命的起源和终点 以这样的观点来诠释哈巴谷的预言：「义人必因信得生」就可以了解到 他所指的不是一套信条或神学思想，而是与神自己建立亲密恒久、包含各层面的关系。

大卫在诗篇廿三篇 1 节中所说的就是这种关系：「耶和华是我的牧者，我必不致缺乏。」大卫并不是在解释一套神学，而是在描述一个关系。他根据大牧人耶和华与他之间的关系 宣称：「我必不至缺乏。」这真是一种表达安全感的奇妙方式呀！它包括了一切的需要、一切的情况。尽管大卫可以加上其他的话；尽管他可以说：「我必不缺乏金钱、食物、朋友、或健康……」但是如果这么说，大概会削弱他话语的力量。单单一句「我必不致缺乏」，就完美地表达了没有各式各样的缺乏。

常令我感到惊讶的是，圣经能够以最简单的语言，来表达最深奥的真理。在希伯来原文中，诗篇廿三篇 1 节只有四个字。单单这几个简短的字，就能深入而强烈地描绘出一种关系，包含了生命与死亡、今生与永恒中所有的一切需要。

根本的罪：不信

我们在前面已经看到，「义」永远仅来自于信心。现在我们也可

以说，反之亦同：罪只有一个终极的源头——就是不信。

耶稣在约翰福音十六章 8 节中说，圣灵的工作就是要世人为三件事情自己责备自己——为罪、为义、为审判：「祂既来了，就要叫世人为罪、为义、为审判，自己责备自己。」接着在下一节的经文中，耶稣指出了圣灵叫人承认的罪：「为罪，是因他们不信我。」全世界都犯了最大的罪就是不信，而这也成了其他罪的根源。

希伯来书三章特别讨论不信的罪。作者提醒我们，虽然神的百姓在摩西的引领下逃出埃及，但这一代不但未能进入应许之地，反而在旷野里灭亡。

在第 12 节中，作者引用以色列惨痛的教训劝勉身为基督徒的我们：「弟兄们，你们要谨慎，免得你们中间或有人存着不信的恶心，把永生神离弃了。」大多数的基督徒往往觉得，不信虽是一种遗憾，但相对而言却没有什么恶意。然而圣经在这里清楚告诉我们，不信的心就是恶心。不信之所以邪恶，是因为它会使我们远离神。正如信心使人与神建立个人的关系，不信则破坏了这个关系，两者的果效恰好是完全相反的。

在第 13 节中，作者继续说：「总要趁着还有今日，天天彼此相劝，免得你们中间有人被罪迷惑，心里就刚硬了。」不信会使我们的心向神刚硬，也因此将我们赤裸裸地暴露在罪和撒但的谎言中。这是对不信的危险所发出的紧急警讯。作者将此应用在「今日」，表示我们今日的基督徒，与摩西时代出埃及的以色列人一样。不信的后果，对我们和对他们而言都同样具有致命的威胁。

最后，作者在第 17 ～ 19 节为以色列人的失败及其原因作出结论：「神四十年之久，又厌烦谁呢？岂不是那些犯罪、尸首倒在旷野的人吗？又向谁起誓，不容他们进入祂的安息？岂不是向那些不信从的人吗？这样看来，他们不能进入安息是因为不信的缘故了。」请注意最后一句：「是因为不信的缘故了」。这些以色列人曾犯了许多罪行——奸淫、拜偶像、怨恨、背叛等等。但使他们不能进入应许之地的罪，就是不信。不信是各样罪行的源头。

当我们了解真正的信心，最终是建立于神自己的本质之后，就可推演出这项道理来。

如果我们对神善良、智慧、能力三方面的本质抱着完全、毫无保

留的信心，就绝不会悖逆祂。如果我们无论在何种境况下，都相信神是良善的，祂希望把最好的赏赐给我们；祂有智慧知道什么是对我们最有益的，也有能力供应这一切所需，那么，我们就不再会有任何悖逆祂的动机了。

因此，所有对神的悖逆，追溯至最初的源头，都是不信。

到最后，我们只有两种可能的态度来面对神：使我们与祂合一的信心，或是使我们与祂分离的不信。这两者互不相容。

在希伯来书十章 38 ～ 39 节里，作者再次引用哈巴谷的预言，将两项选择摆在我们面前：「只是义人必因信得生。他若退后，我心里就不喜欢他。我们却不是退入沉沦的那等人，乃是有信心以致灵魂得救的人。」

一旦我们将自己委身于以信心为基础的生活后，就再也没有回头的路。回到不信，就只能进入黑暗与败坏之中。为了能够继续前进，我们必须坚持最初选择的信心道路！

摘要

新约有关救恩和称义的信息，是建立在哈巴谷书二章 4 节的基础之上：「惟义人因信得生。」透过在耶稣基督里的信心，我们此时此刻就可以从神得到新的生命——圣洁、永恒、公义。之后，当我们继续将信心应用在生活的各层面，我们将会被这个从神而来的新生命所充满、改变。

首先，信心的原则必须以简单、实际的方式实践出来。在罗马书第十四章中，保罗将这原则运用在饮食上面。他举出一个例子，其中有两位信徒，对于什么可以吃、什么不可以吃，无法达到共识。他在结论中说，我们究竟可以吃什么并不重要，重要的是，我们是否「凭信心而吃」。

「凭信心而吃」具有以下几项意义。第一，我们将食物当作神所赏赐的礼物。第二，我们为此感谢神。第三，我们的食物就因此「得洁净」了。第四，我们将摄取饮食而得的力量，用于神的事工和荣耀神。这样，信心就使日常生活的饮食成为圣礼了。

另一个需要运用信心的实际层面，就是财务和物质的供应。透过基督，神的恩典将丰盛充足赐给我们。换句话说，祂不但应许供应我

们一切所需，还让我们有余来分享给他人。然而，丰富并不一定是靠金钱或物质财产，而单单靠信心。耶稣基督亲自示范不靠金钱和财富而享有丰富的例子，祂也挑战我们效法祂的榜样。同时祂也严正地警告我们，不要偷懒、欺骗和不负责任。

为了让神所有的百姓都能够享受祂的丰富，我们不能把自己视为离群索居的个体，而是要认识自己是基督身体的肢体。神借着在旷野以吗哪喂养以色列人，并教导他们这项功课。若要每个人都足够，他们必须将自己收取的彼此分享。基督的身体也是一样。如果我们的态度和关系正确，就能彼此分享，让所有人都能足够。但错误的态度和关系，却会阻碍身体某些部分接受完全供应的管道。

圣灵降临在耶路撒冷初代信徒身上之后，他们透过两方面具体实践出信心，也就是我们刚刚所讨论过的：饮食和财务。于是，他们的饮食伴随着赞美和敬拜成了圣礼。他们因着彼此分享钱财，以至于「当中没有一个有所缺乏」。因此，神的恩典在他们日常生活中被彰显出来，也让他们赢得了许多邻舍，领他们归向基督。

神并没有提供我们可以取代信心，使我们藉以亲近祂的代替品。也告诉我们，单单相信祂的存在是不够的，我们必须相信祂良善的本质。这样的相信，让我们超越神学的层面，进入与神之间直接、亲密的个人关系，而这关系也确保我们得到完全的供应和绝对的安全感。

罪只有一个终极的源头：不信。如果我们对神的良善、智慧和能力，持有完全、不变的信心，那么就不会有任何犯罪的动机。希伯来书的作者指出，不信使得摩西带领的以色列人无法承受产业，他并且警告身为基督徒的我们，千万不要再犯同样的致命错误。最终，我们面对神只有两种可能的态度：使我们与祂合一的信心，或使我们与祂分离的不信。

第六章 信心从何而来

在上一章中，我们看到神对信心不可妥协的要求：「义人必因信得生……凡不出于信心的就是罪……没有信心不能得神的喜悦……人到神的面前来，必须信……」。在这些神圣要求的亮光下，我们可以清楚地明白，为何圣经以最珍贵的金子来比喻信心。

信心的价值独一无二，没有任何东西可以取代。没有信心，我们就不能亲近神，也不能得祂的喜悦，更无法得到祂的生命。

那么，我们如何能够得到信心？难道这是一个不能预测或者无法解释的过程？或者，圣经除了告诉我们神对信心的要求，也同样启示我们获得信心的方法吗？

在本章中，我将会分享在我的基督徒生活中，其中一项最重要的发现。正如其他具有永恒价值的属灵功课，我也是辛苦地透过亲身的经验，经过一段挣扎与痛苦的日子，才找出这颗无价的珍珠：我终于了解到信心是怎么来的。

幽暗深谷中的亮光

第二次世界大战期间，我在英国军队中服役，当时我因为感染了一种慢性的皮肤病，而躺在埃及的一间军医院里长达十二个月。日子一天一天过去，我愈来愈深信在那炎热的沙漠气候中，医生是无法医治我的。当时我刚成为基督徒，也接受了圣灵的洗，我与神建立了亲密而真实的关系。我总觉得神对于我的难题一定有解决之道——只是我不知道如何才能找到它而已。

我一次又一次地对自己说：「我知道，只要有信心，神一定会医治我。」不过随后我总是又接说：「可是我没有信心。」每次当我这样说时，我觉得自己身处在《天路历程》的作者本仁‧约翰（John Bunyan）所说的「失望的沼泽」——那黑暗孤独的绝望深谷中。

但有一天，一束灿烂的光芒穿透了黑暗。那天我倚着床上的枕头，打开圣经，放在膝盖上。我的目光突然被罗马书十章17节给吸引住了：「可见信道是从听道来的，听道是从基督的话来的。」有

一个字紧紧抓住了我的注意力，那就是「来」。我抓住了关于信心一件简单的事实：「来」！假如我没有信心，那么我可以去把它找来呀！

　　但是，信心是怎样来的呢？我再读一次那段经文，「信道是从听道来的，听道是从基督的话来的。」既然我已经接受圣经是神的话语，所以信心的源头就在我手中。但是「听道」是什么意思呢？我如何才能够「听见」圣经要对我说的话呢？

　　我决定回到圣经的开头，一卷书一卷书地按着顺序从头读到尾。同时，我用蓝色铅笔将有关医治、健康、身体的力量、长寿的所有经文全部画出来。有的时候这样做并不容易，不过我仍坚持下去。令我惊讶的是，在读经的过程中，我居然需要常常用到我的蓝色铅笔。

　　大约过了两个月，我已经读到箴言书。在第四章中，我找到连续三节经文是需要我用蓝笔标示的：「我儿，要留心听我的言词，侧耳听我的话语。都不可离开你的眼目，要存记在心中。因为得着它的，就得了生命，又得了医治全体的良药（可译为：有全身的健康）。」（箴言四章 20～22 节）

　　当我在这些句子下面画线的时候，它们的意思就开始向我显明出来了。

　　「我儿……」这正是我的天父，我的神，直接向我——祂的孩子——说话。这个信息常常是因人而异的。

　　神告诉我祂的「话语」和「箴言」对我的功用——「医治全体」。还有什么应许比这个对我的身体更加重要？「健康」与「疾病」两者是相对的，也是互相排斥的。若是我「全体」，也就是我的全身都被医治的话，那么疾病就再也没有余地了。

　　我注意到，在我圣经边界的空白处，写着一个可以代替「医治」的另一种「翻译」，就是「良药」。神的「话语」和「箴言」真是医治我全身的「良药」吗？经过内心许久的挣扎，我决定试验看看。在我的要求下，所有的医药都暂停，然后我开始将神的话当作药。因为我是军医助理，我非常熟悉人们通常吃药的方法——「每日三餐饭后服用」。于是我决定每日三次阅读神的话，作为药物。

当我作出这个决定的时候，神在我心中说话，那些话非常地清楚，彷佛用肉耳听见的一样：「当医师给病人吃药的时候，药瓶上就会写有用药的说明。这是我的药瓶，用药说明就在上面。你最好阅读一下。」

于是我再仔细将那些经文阅读一遍，发现上面写着服用「属神良药」的四个「指示」：

第一个指示：「留心……」。当我阅读的时候，必须专心集中注意神的话语。

第二个指示：「侧耳听……」。侧耳听的意思，就是要以谦卑受教的态度阅读。我必须放下个人的偏见与假设，以敞开的心接受神要对我说的话。

第三个指示：「不可离开你的眼目……」。我必须定睛专注在神的话语上，不可犹疑在不同的言论和矛盾的来源之间，例如那些不以圣经为基础的书籍。

第四个指示：「存记在心中……」。即使圣经的文字不在眼前，也要继续在心中默想神的话，以神的话语作为我生命的中心和根源。

如果要描写这几个月之后发生的所有事情，大概可以编录成册了吧！军方将我从埃及调往苏丹，这个非洲气候最炎热的其中一个地方，气温高达华氏一百廿七度。高温使我的皮肤病情恶化，而周围所有的情况都对我的健康不利。在我周围其他本来健康的人，也开始生病了。不过我渐渐了解，神应许的实现并不在乎外在的环境，而单单在乎神所定的条件。因此，我只是单纯的继续每日三次服用「灵药」。每次吃完正餐之后，我就低下头来祷告说：「主啊，祢已经应许，祢的话要成为医治我全身的良药。我现在就奉耶稣的名吃这药！」

但是，没有什么突然或戏剧性的变化，也没有所谓的「神迹」发生。不过，在苏丹待了三个月之后，我发现我的「灵药」奏效了。我竟然完全康复起来，全身没有任何病症。我真真实实地得着了「全体的健康」。

这不是「心理作用」那种快速消退的短暂错觉。如今，事情已经过了卅五年了，除了些许轻微和短暂的小毛病之外，我到现在仍然拥有极佳的健康状态。回顾过去，我领悟到，经历过那段时间的试炼和最终的胜利，我超越了自然的层次，触及生命的源头，而且至今仍在我身体上动工。

Logos 与 Rhema

我刚刚之所以详细谈到那些引我进入医治和健康的步骤，是因为它们说明了一些深入、永恒的原则，使我们认识神话语的本质。在新约的希腊原文中，有两个字通常被翻译为「话语」，一个是「logos」，另一个则是「rhema」。虽然有时这两个字也会交替使用，但它们却各自具有其独特的意思。

Logos 的整体意义超过「所说」或「所写」的字的范围，用来代表心思表达的功能。立德尔和史考特（Liddell and Scott）这本具有权威性的希腊字典，将 logos 定义为「透过言语、理性表现出来的心思能力。」依照这样的定义，logos 是不会改变、永恒存在的「神的话语」。它是神所筹划，在创世以先已坚立在永恒之中，在时间终结之后仍然继续坚立。

大卫在诗篇一一九篇 89 节谈论到这个神圣的 logos，说：「耶和华啊，祢的话安定在天，直到永远。」在地上发生的任何事，都无法改变神安定在天的话语。另外，rhema 则是源自「说话」这个动词，它特别指着口中所说的话——发生在时间和空间中的话语。

在罗马书十章 17 节，当保罗说：「可见信道是从听道来的，听道是从神的话来的。」我注意到现代的翻译是根据一些传统译本所没有机会参考的原文，来翻译这段经节：「因此，信道是从听道而来的，听道是从基督的话来的。」然而，领受信心的方式不论是藉由「神的话」还是「基督的话」，实际上都没有什么差别。神的话永远是借着基督临到我们（参考约翰福音十四章 10 节），他用的是 rhema，而不是 logos。正如他将「话语」和「听见」连结起来。按逻辑来说，为了能够被听见，话语就必须被说出来。

从物质的观点看，当我坐在医院病床上，摊开横放在膝上的圣经，在我眼前只不过是白纸黑字。但是，当我读到箴言第四章有关神的话语是医治我身体的良药的这些文字时，它们就不再是印在白纸上的黑字了。圣灵使用这些话语来满足我当时的需要，又将祂的生命放进这些话语里面，它们便成为了 rhema，是我可以「听见」的话语，直接对我心说话的声音。这是神亲自直接向我个人说的话。当我听见祂的话语，信心就借着它们临到我。

这与保罗在哥林多后书三章 6 节中所说的一样:「那字句是叫人死,精意(圣灵)是叫人活。」没有圣灵,就没有 rhema。在圣经中,神全部的计划 logos 展现在我们眼前。不过 logos 对我来说太复杂、太广阔了,我无法彻底地理解和吸收。而 rhema 则是圣灵将 logos 的一部分,从永恒带进时空和人类的经验之中。rhema 是整体 logos 的一部分,在某个时间点,应用在我特别的情况之中。透过 rhema,logos 被应用在我的生命当中,也因此独特、个别地符合我的经验。

在这个神与人类的交流过程中,神是主动者。这样的认识让人无法有丝毫的傲慢或臆测。在罗马书三章 27 节,保罗告诉我们,自夸是被排除于信心的法则之外。知道这一切的是神,祂比我们更清楚知道整体 logos 的哪一部分,在哪个情况中切合我们的需要。借着圣灵,神引导我们读到适当的话语,并且将生命放在这些话语之中,让它们成为 rhema ——真实的声音。这个时候,我们需要的响应就是去「聆听」。我们聆听到多少 rhema,便领受多少信心。

「聆听」包含了什么?重要的是,我们必须尽量正确地了解神对我们的要求。我在病榻上学到的功课也包含了这件事。在神的智慧下,我从箴言第四章领受的话语,不仅满足了我肉体上的需要,同时也提供了一个完整详尽的例子,让我了解什么是「听见」神的话。

正如神告诉我的,这个「药瓶」上写着的「指示」有四个层面:一、留意;二、侧耳;三、不离眼目;四、存记在心。虽然一开始时我并不知道,但是当我照着这四项指示去做时,我便是在「聆听」——结果,信心就临到我了。

「聆听」包含以下四个要素:

一、不分心,密切注意神借着圣灵对我们所说的话。透过意志的坚持,我们要排除一切外来分散注意力的事。

二、侧耳而听,向神存着谦卑受教的态度。弃绝我们自己的偏见和先入为主的想法,接受神话语最直接、最实际的意思。

三、集中眼目在神的指示上,不容许自己的眼光游移在其他与神话语相反的言论上。

四、即使神的话语没有出现在眼前,我们也要在心中继续默想,以继续将它存放在我们全人之中,使它的影响力渗透我们生活的每一部分。

当神的 rhema 如此临到我们时，它既是独特的、也是针对个人的。让我用我个人在医院中的经验来说明。那时，神是在一个特定的情况下对我个人说话。祂指示我如何获得医治：我必须将祂的话语当作药物，并放弃所有的一般性药物。于是我照着做，就得到了医治。

但我如果认为，神会用同样的处方医治所有其他的病人，或者在以后的经验里，神还是会用同样的方法医治我，这种想法真是大错特错了。事实上，后来我在一些需要医治的情况中，并没有得到神同样的指示。有几次，我都是透过医生的诊疗才得到医治。

因此，rhema 是神在特定的时间和地点，直接且个别地给予每一个人。它是以领受者与神之间个人且持续的关系作为前提。透过一个接着一个的 rhema，神引领我们走个人的信心道路，是祂呼召我们走的。神给予一位信徒的 rhema，不一定适合另一位信徒，即使对同一位信徒来说，也不一定适合他另一个阶段的需要。

耶稣在旷野受到撒但第一个试探时，清楚说明了这个不断依靠神的 rhema 生活：「人活着，不是单靠食物，乃是靠神口里所出的一切话。」（马太福音四章 4 节）「出」这个字，是一个连续的进行式。我们可以说：「从神口中说出的每一句话。」耶稣在这里指的正是从神口中直接出来的特定话语，是「神口中的气息」，即圣灵赋予能力的话。这是我们的「每日粮食」——永远新鲜、永远都在进行。当我们持续地倚靠它，就会使信心一天一天地进入我们里面，这信心就是「义人因信得生」的信心。

对于 logos 和 rhema 之间的关系，我们可以作出下列结论：

rhema 将永恒的 logos 注入时间之中。

rhema 将属天的 logos 带到世上来。

rhema 将潜藏的 logos 变得实际。

rhema 将普遍的 logos 化为独特。

rhema 将整体的 logos 切割，变成人可以领受的形式。

rhema 就像耶稣喂饱群众的每一块碎饼，能满足每个人个别的需要和能力，通常透过他人之手，传到我们这里。

从属天到属地

在以赛亚书五十五章 8 ~ 13 节，先知以赛亚以生动的图像呈现了 logos 和 rhema 的关系：

> 「耶和华说：我的意念非同你们的意念；我的道路非同你们的道路。天怎样高过地，照样，我的道路高过你们的道路；我的意念高过你们的意念。雨雪从天而降，并不返回，却滋润地土，使地上发芽结实，使撒种的有种，使要吃的有粮。我口所出的话也必如此，决不徒然返回，却要成就我所喜悦的，在我发他去成就的事上必然亨通。你们必欢欢喜喜而出来，平平安安蒙引导。大山小山必在你们面前发声歌唱；田野的树木也都拍掌。松树长出，代替荆棘；番石榴长出，代替蒺藜。这要为耶和华留名，作为永远的证据，不能剪除。」

这里有两个层次：属天和属地。在属天层面上是神的 logos ——神的意念与道路，神完全的计划永存天上；在属地层面上的是人的道路与意念，远远低于神的道路和意念，也不能同时存在。人要升至神的层次是不可能的，但神的意念和道路却能降到地上来。像雨雪从天而降，将天上赐予生命的滋润带到地上，神说：「我口所出的话也必如此。」

这与耶稣在马太福音第四章所说的「话」一样：「神口里所出的一切话」，人们要依靠这话语而活。这是天上的 logos 降临到地上的 rhema，它将神的意念和道路放进我们里面，让我们将它应用在现实的环境中，满足我们当时的需要。

当我们接受且听从 rhema，它就要在我们的生命中带出荣耀神的行动和果实。我们必「欢欢喜喜而出来，平平安安蒙引导」，「松树长出代替荆棘，番石榴长出代替蒺藜」，「荆棘」和「蒺藜」代表我们的意念和道路。当我们接受神口中出的 rhema，它们就被取代为「松树」和「番石榴」，也就是神的意念和道路。

我们的榜样：大卫和马利亚

为了进一步说明 rhema 降临的方式和产生的结果，我们将以圣经中两件美事作为例子——旧约中大卫的故事和新约中马利亚的故事。

历代志上第十七章记载大卫成为以色列的君王，享尽胜利、繁盛和安逸。相对于他所住的豪华皇宫，神的约柜却被安放在简陋的会幕里。因此大卫希望建造一座殿宇，来配得神和祂的约柜。先知拿单听见了大卫的构想，起初也很赞同；但是当夜神向拿单启示，差遣他告诉大卫说：「你不可建造殿宇给我居住……」但最后却对他说：「我耶和华应许你，必为你建立家室。」（第 4、10 节）

这是一个说明神的意念与人的意念截然不同的例子。大卫的意念能够到达的最高层面仍然是属世的层面：他能够为神建立圣殿。而神所回答的应许却是属天的，是大卫意想不到的：神将为他建立家室。此外，大卫使用「殿宇」一词，带着物质的意思，即居住的房屋。但神在祂的应许中所使用的「家室」一词，却有着更广的意义，指的是无穷尽的子孙后代——存到永远的皇室族系。

拿单在他的信息中，带给大卫一个 rhema——从神而来直接、针对个人的话语。大卫听了之后「就进去，坐在耶和华面前」（参考第 16 节）。他到底在做什么？首先，毫无疑问地，他必须放下自己的计划和意见。直到他将这些一一倒空之后，他开始集中默想神的信息，让这信息穿透内心。在内心平静之后，他就能够「聆听」。最后，信心因「聆听」而来——抓住神应许所需的信心。当大卫继续坐在神的同在之中，他回答说：「耶和华啊！祢所应许仆人和仆人家的话，求祢坚定，直到永远，照祢所说的而行。」（第 23 节）

「祢所说的」就是 rhema，不是源自大卫属地的道路或意念，而是来自于属天的层面，将神的道路和意念带给大卫。当大卫「听见」了这个 rhema，并且让它在自己里面产生信心之后，他就借着简短的祷告抓住神的应许：「照祢所说的而行」。这七个字是一段每个人都可以作的最有效的祷告，简单、合理，并且能够带出锐不可当的力量。一旦当我们真实相信神对我们所说的话，并且反过来求祂照祂的话来成就，我们又怎能怀疑祂不成就呢？在天上地下，有什么力量可以阻止神的旨意成就？

我们从大卫的时代来到一千年后的犹太历史，在大卫皇族世系中的一位卑微的后裔——拿撒勒城的农家女子马利亚。一位天使向她显现，捎来神宝座上的信息：「你要怀孕生子，可以给祂起名叫耶稣。祂要为大，称为至高者的儿子；主神要把祂祖大卫的位给祂。祂要做雅各家的王，直到永远；祂的国也没有穷尽。」（路加福音一章 31 ~ 33 节）

当马利亚问到这事要如何成就，天使解释说，这是借着圣灵超自然的大能，并用下面的话作为总结：「因为，出于神的话，没有一句不带能力的。」（路加福音一章 37 节）

这里的「没有一句」，在希腊原文的字面上是「没有话语」，也就是「没有 rhema」。

天使的回答可以被翻译为「没有一个从神而来的话语（rhema）是不带着能力的」；或者更直接的说：「每一个出于神的话语（rhema）都带有成就的能力」。

天使带给马利亚一个 rhema———句从神而来的直接、针对个人的话语。这 rhema 本身带有成就应许的能力，不过其结果在于马利亚的回应。

她回答说：「我是主的使女，情愿照你的话成就在我身上。」（路加福音一章 38 节）借着这个句话，马利亚开启了蕴含在 rhema 中属神的超自然大能，也敞开她自己，让神的应许在她身上成就。结果，人类历史上最伟大的神迹发生了：神的永生儿子为童女所生。

马利亚简短的回应与大卫的祷告相仿。大卫说：「照祢所说的而行」，马利亚说：「照祢的话成就在我身上。」两者回答都开启了神迹的大能，使祂的应许得以实现。在这两个例子中，借着信心所领受的 rhema 本身就带着成就的能力。

有人或许会质疑，耶稣出生的神迹，是否真是出于马利亚的信心？答案可以从伊丽莎白对马利亚致意的话语中可以找到：「这相信的女子是有福的，因为主对她说的话都要应验。」（路加福音一章 45 节）

这段话的含意非常明显：应许的成就是因为马利亚相信。马利亚若不相信，神的大能就无法实现祂的应许。

让我们来看看，大卫和马利亚的经历有什么相似之处：

一、两人都领受了 rhema——从神而来直接、针对个人的话语。

二、这 rhema 表达了神的道路和意念——远超过他们自己的推理和想象。

三、当两人「听见」rhema 之后，都领受了信心。

四、两人都对神的应许发出单纯的响应，以表达自己的信心：「照

祢所说的而行」;「照祢的话成就在我身上」。

五、以这样方式所表达的信心,使神的大能透过 rhema,得以成就祂的应许。

神今日仍然在祂的百姓中做同样的工。借着圣灵,祂从永恒的旨意(即 logos)中,带出 rhema ——在某个时间、地点、情况里特别适用于我们的话语。当我们聆听这 rhema,信心于是临到。接着,当我们运用所领受的信心紧紧抓住这个 rhema,就会发现神的话语本身便蕴藏着使应许成就的能力。

摘要

圣经告诉我们神对信心的要求,同时也教导我们如何获得信心。罗马书十章 17 节告诉我们,「信道是从听道来的」——听见神借着圣灵,针对个人所发出的活泼话语 rhema。

我们需要了解 logos 和 rhema 之间的关系。logos 是神永远安定在天、不变的旨意。而 rhema 则是圣灵从永恒中带出一部份的 logos,使它与时间和人类经验产生关系。透过 rhema,logos 可以变得独特且针对我个人。当我听见 rhema 时,信心就透过它临到我身上。

「聆听」是什么意思呢?箴言四章 20 ~ 22 节可以提供我们一个很好 实用的例子——神的「药罐」。其用药「说明书」包括了「聆听」的四项要素:

(一)要心无旁骛地专注于神透过圣灵正在对我们说的话;

(二)要带着一颗谦卑受教的心;

(三)要定睛在神引导我们阅读的字句;

(四)要持续不断地在心里默想这些话语。

rhema 是从神口中所出的话语。当我们持续聆听每一个临到我们的话语,它就会成为我们维持属灵生命、跟随神脚步的「每日粮食」。

rhema 也被比喻为雨雪,从天上带来赋予生命的水分滋润地土,

以丰硕的果实代替贫瘠荒芜。它将神的道路和意念带到我们生命的层面，代替了我们的道路和意念。

大卫王和童贞女马利亚的例子，说明了 rhema 是如何运行。大卫计划要为耶和华建造圣殿，但主却赐下 rhema 告诉他，祂将要为大卫建立家室。神透过天使加百列赐下了一个 rhema 给马利亚，并告知她将要生下以色列人期待已久的弥赛亚，成为神儿子的母亲。在这两个例子中，当大卫和马利亚「听见」了 rhema，信心就临到他们身上；并且透过信心，他们都得见这 rhema 的应许实现。他们的回答简单却已足够：「照祢所说的而行」、「情愿照祢的话成就在我身上」。

第七章 信心必须承认

信心一旦临到我们，就必须经历三个发展阶段：承认、行动与试炼。我们将这三个阶段称之为信心的三大「要素」。信心必须在口里承认；必须化为行动；并且必须经历试炼。

口里承认

「承认」（confess）和「表白」（confession）在圣经里，是具有特殊意义的重要词汇。希腊文动词 homologeo 通常译为「承认」，照字面上的意思就是「说同样的话」。因此，「承认」就是「说同样的话」。然而，有时翻译使用「宣告」（profess）和「表明」（profession）等相关的词，来代替「承认」和「表白」。「宣告信心」在许多基督徒当中，是一个广受使用的说法，也通常被视为本章所使用「承认信心」的同义词。在翻译的经文里，不论我们使用哪一种说法，「承认」和「宣告」的基本意义仍然相同，那就是：说同样的话。

「承认」在这种特殊的意义下，永远与神的话语有着直接的关连。承认就是用我们的口说神说的话，也就是使我们说的话与神的话相符。

诗篇一一六篇 10 节中，诗人说：「我因信，所以如此说话。」保罗在哥林多后书四章 13 节中，将这段经文应用于承认我们的信心：「但我们既有信心，正如经上记着说：『我因信，所以如此说话。』我也信，所以也说话。」说话是表达信心最自然的方法。不说出来的信心就像胎死腹中的婴孩。

整本圣经都强调，我们的心与口有着直接紧密的关系，其中一者所发生的事情，无法与另外一者所发生的事情分开。耶稣在马太福音十二章 34 节告诉我们：「心里所充满的，口里就说出来。」另外也有译本将这段经文翻成：「口将心中充满的说出来。」换句话说，口是心的排水阀，从排水阀溢流出来的，说明了其中满载的物质。在物质世界里，如果贮水池的排水阀溢出了泥沙或霉菌，就表示池中的水是不干净的，里面一定有泥沙或霉菌。我们心中所存的也是一样。如果心中充满了信心，那么口中说的话就会将它表达出来。但是如果口中说出疑惑与不信的话，就表示我们心里的某处一定藏有着疑惑和不信。

在二次大战期间，我担任驻北非的英国军医随从，我与一位苏格兰医生照顾一群患痢疾的病人。每早巡房的时候，医生总是以两句话来问候病人：「你好吗？让我看看你的舌头！」

当我天天例行这项医务惯例，我观察到，医生对病人舌头的状况比他们对「你好吗？」这句问候的回答更感兴趣。我多次反省这个现象，因为我们与神的关系大概也是如此。无论我们自以为属灵的状况如何，神就像医生一样，从我们的舌头就能察出实情。

在罗马书十章 8 ～ 10 节中，保罗定义得救的基本条件，同样强调心里的信心和口里的宣告：「他到底怎么说呢？他说：『这道离你不远，正在你口里，在你心里』就是我们所传信主的道。你若口里认耶稣为主，心里信神叫祂从死里复活，就必得救。因为人心里相信，就可以称义；口里承认，就可以得救。」

保罗在上述三节经文中都提到了心与口，但其陈述的次序却表达出重要的意义。第 8 节先提及口，才论到心；第 9 节也是一样，口先于心；但是第 10 节次序刚好相反：先说心，再说口。

我相信这与我们日常生活的经验相呼应。我们从口里说出神的话开始，因着口中的承认，就将它接收到我们心里。我们口中愈是不断地承认神的话，它就愈扎实地建立在我们心里。信心一旦建立在心里，口中就不再需要刻意地作正确的宣告。因为信心自然会经由口表达出来。此后，只要我们继续用口表达信心，便会逐渐领受救恩的全部好处。

当我发现希伯来格言「用心学习就是用口学习。」这句话之后，就更加确信这个步骤是对的。「用心学习」是学习的最终目标。希伯来格言「用口学习」，描述了达到最终目标的实际方法。为了要达到用心学习，我们要在口中反复重述，直到可以不加思索地自然说出为止。这样，从口开始的事最终便牢记在心上。

这就是我小时候学习九九乘法的方法；我不断地重复再重复：七七四十九；七八五十六；七九六十三……。最后，我可以不加思索地背诵出来。九九表从此就刻在我的心版上，无法抹去，因为它已成为我的一部分。五十几年后的今天，即使我半夜被惊人的雷电吵醒，你随便问我：「七乘以七是多少？」我仍然可以不加思索、不费力气地回答：「四十九」。

同样地，我们也可以将神的话铭刻在心。每当有特殊的需要来临，

或信心受到挑战时，就要承认神的话，将它应用在这个状况中。一开始可能会有些挣扎，我们的感觉可能会怂恿我们说出一些不合乎神话语的话。但只要我们不断抗拒这些感觉，口中继续承认神的话，最后便不会再有挣扎，在任何情况下，口中都可以自然地说出圣经中的话语。

分别信心与感觉是非常重要的。感觉依靠感官，许多时候它是与神的话语背道而驰的。然而，信心正如我们所讨论的，将我们与那看不见的神和祂的话语紧紧相连。每当信心与感觉有冲突时，我们就必须以口承认，下定决心要站在信心的那一边，而不是感觉的那一边。

有三个以英文字母 F 开头的字，需要厘清它们之间的顺序，那就是：「事实」(fact)、「信心」(faith)、「感觉」(feeling)。「事实」建立在神话语的基础上，永远不会改变；「信心」建立在神话语的「事实」上，承认神话语的正确性；「感觉」却是摇摆不定的，但只要信心坚定，感觉最终也会与事实一致。相反地，如果我们从错误的起点出发，从感觉开始，而非从事实开始，就永远会遇到麻烦。感觉每时每刻都会变化，生命若是建立在它的上面，就会随着它摇摆不定。「义人必因信得生」，而不是因感觉得生！

五项安全守则

持续不断地练习用口作出正确的宣告，是非常有效且有能力的。然而，如果滥用则会带来属灵上的危机。例如，它会落入「幻想假象」的陷阱中。法国哲学家高尔（Coue）教导人们用这种方法来解决生命中的问题，就是不停地重述：「每一天，我都变得愈来愈好。」其他的危险就是，热心却不够成熟的基督徒也许会以为自己找到了一个「勉强神」的方法，可以驱使全能的神来满足自己的需求。又或者，我们也许会将神幻想成一部「贩卖机」，只要放入正确金额的硬币就可以得到所选择的某牌子产品，以满足肉体的需求。

为了防止这样的滥用，我提出以下五项安全守则：

第一守则：反省自己亲近神的动机。希伯来书的作者谈到耶稣在客西马尼园的祷告：「因祂的虔诚蒙了应允。」（希伯来书五章 7 节）耶稣「虔诚」的态度可以透过以下的话语来表达：「然而，不要成就我的意思，只要成就祢的意思。」（路加福音廿二章 42 节）这是我们

必须效法的模式。除非我们摒弃自己的意思，顺服神的意思，否则就无法根据圣经来求神使祷告蒙应允，或赏赐救恩的好处。

第二守则：并非随意「表白」我们自己的想象或欲望。我们表白的内容必须根据圣经的话语。任何不直接以圣经为基础的表白，极容易陷入一厢情愿的想法或狂热。

第三守则：永远不能停止倚靠圣灵的引导。保罗在罗马书八章 14 节中，定义谁拥有成为「神儿子」的资格：「因为凡被神的灵引导的，都是神的儿子。」这原则既可以被应用在我们口里的表白，也可以被应用在基督徒生命的其他部分。圣灵一定会引导我们，并且教导我们在哪些特定的景况中，要以哪些特定的圣经真理来作为我们信仰的表白。在上一章里面，我们已经知道，惟有圣灵才能将永恒的 logos 化为应用于个别情况中，又真又活、实用的 rhema。

第四守则：不要停止依靠神超乎自然的恩典。在以弗所书二章 8 节中，保罗论到一个永不改变的先后次序：「你们得救是本乎恩，也因着信……。」恩典永远先于信心。如果我们停止对神恩典和能力的倚靠，开始倚靠自己的能力，我们将会经历像亚伯拉罕一样的后果：生出以实玛利，而非以撒。

第五守则：正确检视我们的感觉是很重要的。神并没有吩咐我们闭起眼睛和塞上耳朵来行走，假装身旁的物质世界并不存在。我们不怀疑感官所接收的事实，但却质疑它的结局。

保罗在罗马书四章 16 ～ 21 节中，一开始便强调真实的信心必须恒久倚靠神的恩典。接着，他以亚伯拉罕为例，解释如何解决信心与感觉之间的冲突：

> 「所以人得为后嗣是本乎信，因此就属乎恩，叫应许定然归给一切后裔；不但归给那属乎律法的，也归给那效法亚伯拉罕之信的。亚伯拉罕所信的，是那叫死人复活、使无变为有的神。他在主面前作我们世人的父，如经上所记：『我已经立你作多国的父。』他在无可指望的时候，因信仍有指望，就得以作多国的父，正如先前所说：『你的后裔将要如此。』他将近百岁的时候，虽然想到自己的身体如同已死，撒拉的生育已经断绝，他的信心还是不软弱；并且仰望神的应许，总没有因不信心里起疑惑。反倒因信心里得坚固，将荣耀归给神，且满心相

信神所应许的必能做成。」

亚伯拉罕的感官告诉他，他的身体状况并不能生孩子，而撒拉也同样不能怀孕。但神已经应许将会赐给他们一个属于自己的孩子。对于他和撒拉的身体状况，亚伯拉罕并不假装无视这些事实，他只是不愿意接受这样的结局。当神的话语应许他一件事，而感官却告诉他另一件事，亚伯拉罕紧抓神的应许，丝毫不容感觉摇动他对应许的相信。最后，在他们的信心经过试炼之后，亚伯拉罕和撒拉的身体状况就开始配合神的应许，真的能够生育孩子。

我们也会遭遇同样的情况。有时，神的话与感官告诉我们的环境情况之间，可能会有所冲突，但只要我们的信心是真实的，只要我们像亚伯拉罕一样抓紧神的话语，坚持正确的表白，等到时机成熟时，那些透过感官认知的物质情况，也将会与神应许的话语一致。

口里承认就可以得救

我们刚刚已经看到，保罗为他在罗马书十章8～10节的教导，以这一句话作为总结：「口里承认，就可以得救。」「就可以」一词表达了动作和过程。换句话说，当我们作出正确的表白时，就是迈向救恩的过程。

然而，为了能够作出正确的表白，也坚守我们所表白的，我们必须先认识「救恩」一词的范围。许多基督徒将「承认」或「表白」限制在认罪的定义上，而将「救恩」视为罪得赦免。神固然要我们认罪，而救恩也包括赦罪，但「承认」与「救恩」的范围并不只如此。

诗篇七十八篇21、22节告诉我们，以色列人离开埃及后，「因为他们不信服神，不倚赖祂的救恩」，神就向他们发怒。这一节经文的前后文，清楚说明神的「救恩」包括当时神为以色列所做的一切：祂对埃及人的审判、分开红海、云柱火柱的带领、盘石出水、天降下吗哪等等。这一切神的介入与供给的所有作为，都可用「救恩」一词来总括。

在新约中也是如此，希腊动词 SOZO 通常被译为「拯救」，其涵义远超过赦罪的意义，并且包括了满足人类的一切需要。让我再举例说明广义的 SOZO：血漏病妇人得到医治（参考马太福音九章21～22节）；

在路司得城里生来瘸腿的人得医治（参考使徒行传十四章 8～10 节）；在格拉森被鬼附的人得释放（参考路加福音八章 36 节）；睚鲁的女儿从死里复活（参考路加福音八章 49～55 节）；有信心的祷告可使病人得医治（参考雅各书五章 15 节）。

最后，保罗在提摩太后书四章 18 节里说：「主……必救我进祂的天国……」，当中用的「救我」就是 SOZO。这段经文中的 SOZO 包含了让保罗在世上安然度日、以及最后带他进入神永恒天国的释放、保护和供应。

因此，「救恩」包含借着基督在十字架上的死，将我们买赎回来的一切恩惠。不论这些恩惠是属灵的、属身体的、经济的、物质的、暂时的、或是永恒的，它们全都被包含在广义的「救恩」一词里。

使我们进入并且享受一切恩惠的方法就是「承认」。圣经为神在各方面的供应，提供我们许多清楚、正面的经文。只要我们透过心里的信心，口里的承认，就能使这些恩惠成为真实的经历。

例如，撒但往往以罪恶感和不配感来攻击基督徒，甚至使我们开始怀疑神对我们的爱。为要胜过撒但的攻击，我们必须找出适合的经文，并且口里承认神的话语，这样我们的控告者便要闭口。例如：

「如今，那些在基督耶稣里的就不定罪了。」（罗马书八章 1 节）

「惟有基督在我们还作罪人的时候为我们死，神的爱就在此向我们显明了。」　　　　　　　　　　　　　　（罗马书五章 8 节）

「神爱我们的心，我们也知道也信……」（约翰一书四章 16 节）

根据上述这些经文，我作了以下个人的表白：「我在耶稣基督里，所以不再被定罪……在我还作罪人的时候，基督已为我死，神的爱就在此向我显明了……神爱我的心，我知道，也相信……。」只要我抗拒所有负面的感觉，持守正面表白的经文，依照我的经验，定罪与被拒绝的感觉就会被平安和接纳所取代。

也许我们需要身体和健康方面的医治。圣经告诉我们，基督「代替我们的软弱，担当我们的疾病」（马太福音八章 17 节）；「因祂受的鞭伤，你们便得了医治」（彼得前书二章 24 节）。这些经文都可被应用于这方面的表白。每次当疾病的威胁临到我，我不会去想那些病征，

而是以正面的表白来响应：「耶稣亲自代替了我的软弱，担当了我的疾病，因祂受的鞭伤，我得了医治。」起初我或许还会有些疑惑，在身体的病征与神话语的不变真理之间挣扎。但是当我继续表白神的真理之后，它就成了我的一部分——像九九表一样。即使半夜醒来，我身体中由三种疾病所引起的病征仍在我身上，我的灵却仍旧作出正确的表白：「因祂受的鞭伤，我得了医治。」

如果我的需要属于另一方面，我就会以适合这方面的经文来表白。例如，如果我当时正有经济上的需要，我就会以哥林多后书九章 8 节来提醒自己：「神能将各样的恩惠多多地加给你们，使你们凡事常常充足，能多行各样的善事。」

我拒绝抱持恐惧感，并以感恩的心来对付恐惧。我会继续不断地感谢神，因为祂应许充足的供应。当我坚持这样的表白时，我就能看见神透过祂话语的真理来介入，使我的经济情况得到改善。

这样慢慢地，每个方面、每种需要、每样情况中，「口里承认就可以得救」。我们所遭遇的各样困难，成为激励我们以宣告神的话语来表白的因素。当我们的表白愈加全备、持续，我们就愈能享受神的全备救恩。

为我们表白的大祭司

贯穿使徒书信希伯来书的一个重要且明显的主题，就是耶稣基督大祭司的职分。在这职分上，耶稣成为我们个人在父神面前的代表。祂以祂的公义遮盖我们，为我们献上祷告，陈述我们的需要，又成为神所赐应许成就的保证。然而，当我们查遍整卷希伯来书有关耶稣大祭司职分的主题，就会发现，它与我们所作的表白有着密切的关系。我们在地上所作的表白，决定耶稣在天上为我们执行大祭司职权的程度。

希伯来书三章 1 节中，作者劝勉我们去思考「我们所认为使者、为大祭司的耶稣」。这节经文直接关连到我们所作的表白。由于我们的表白，使祂为我们的祭司事工更为有果效。每一次当我们作出正确的表白时，就有完全的权柄以基督作为我们的大祭司。祂是成就我们表白的确据。反之，假如我们无法作出正确的表白，或者疑惑和不信，那么我们就无法让基督有机会为我们执行大祭司的事工。正确的表白

可以让祂成为我们的大祭司，然而，错误的表白会让我们失去这个机会。

在希伯来书四章14节，作者再次使耶稣的祭司职分直接连结于我们的表白：「我们既然有一位已经升入高天尊荣的大祭司，就是神的儿子耶稣，便当持定所承认的道。」这里强调的是「持定我们所承认的道」。一旦当我们口中的话与神在圣经中的话语一致 就应当小心，不要改变，也不要回到不信的阶段。或许有许多压力会临及我们；或许事情与我们所期待的相反；或许一切自然的帮助资源都失败了，我们仍要靠着信心、借着所承认的道，坚持神话语不变的真理，和耶稣基督在天父右边成为我们大祭司的事实。

在希伯来书十章21～24节中，作者第三次强调基督大祭司与我们承认之道的关连：「又有一位大祭司治理神的家。并我们心中天良的亏欠已经洒去，身体用清水洗净了，就当存着诚心和充足的信心来到神面前；也要坚守我们所承认的指望，不至摇动，因为那应许我们的是信实的。又要彼此相顾，激发爱心，勉励行善。」

我们在这段经文中看见，承认耶稣为我们的大祭司有三个相继的责任，分别以「就当」、「也要」和「就要」来表达。第一个责任（第22节）是关于神：我们应当「存着诚心和充足的信心」；第二个责任（第23节）是关于我们的表白：「坚守我们所承认的指望，不至摇动」；第三个责任（第24节）是关于我们的主内肢体：应该「彼此相顾，激发爱心，勉励行善」。对神和对主内肢体的责任核心，就是对自己的责任：坚持所承认的正确表白。我们对所承认之道坚持的程度，决定了实现另外两项责任的能力——对神和对主内肢体的责任。

从我们刚刚讨论希伯来书的三段经文中，作者一次比一次更加强调持守正确表白的重要性。希伯来书三章1节只简单地告诉我们：「耶稣是我们所承认的大祭司」；而四章14节则劝勉我们要持定所承认的道；到了十章23节，作者更勉励我们要坚持所承认的道，「不至摇动」。也就是说，我们很有可能屈服于不断增加的压力，甚至想要改变或动摇所承认的道。我们当中一定有许多人有过这样的经验。因此，这些经文的警告对我们来说是非常适切的。无论我们面临什么样的压力，唯一的胜利来自于坚持所承认的道。

希伯来书的作者在这三段劝勉的话之后告诉我们，为什么要坚持而不要摇动，他说：「那应许我们的是信实的」。我们所承认的道可以

让我们与永不改变的大祭司有所连结。这是神命定的方法，也是祈求祂以信实、智慧和能力来帮助我们的方法。

摘要

在神救赎的计划中 信心与表白有着直接的关系。「表白」（或「宣告」）的意思是，我们有系统地使口中的话与神的话语一致。这需要持续的自我操练。面对艰难的情况时，我们除了要拒绝被感觉或感官所动摇，更要下定决心，再次肯定圣经对这些情况所说的话语。在一开始，也许会有些挣扎和冲突，但最后，神的话语将会被铭刻在我们的心中，永远也无法抹灭，以后也会自然地从我们口中流露出来。

我们必须小心，不要让表白的操练落为一种「手段」。以下是五项操练表白的安全守则：

一、首先要摒弃自我的意思，来顺服神的旨意。

二、我们的表白必须严谨地以圣经为基础。

三、必须持续地受圣灵引导。

四、必须总是倚靠神超自然的恩典，绝不要仅仅倚靠自己自然的能力。

五、当我们的感官和神的话语之间有所冲突时，我们必须学习亚伯拉罕的榜样：由感官所得知的情况只是现在的事实，而不是最终的结果。

当我们渐渐学习将正确的表白应用在生活的每个领域中，便是迈向「救恩」更完备的经验——也就是透过基督的死，使我们得着神全备的供应。

正确的表白可以使我们直接连结于在父神面前为我们担任大祭司的基督，让祂以不变的信实、智慧和能力来帮助我们。

第八章 信心必须有所行动

正如我们在上一章所讨论的，信心必须在口里承认。但单单这样是否足够？宗教人士往往犯了有口无心、言不及义的错误。我们要如何避免呢？怎样才能确保我们所表白的话语是出自内心真实的信心？圣经针对上述问题，提供了一个简单、实际的答案：信心除了以口承认之外，还要有相称的行为。信心若没有行为——没有适当的行动——就是死的。

信心借着爱产生果效

保罗在加拉太书五章 6 节中，论到核心的问题：「原来在基督耶稣里，受割礼不受割礼全无功效。唯独使人生发仁爱的信心才有功效。」保罗在这里提出了四个要点，这四点有着一定的逻辑次序。

第一，保罗以割礼为例，说明没有任何外在的仪式或礼节能讨神喜悦。因为神首要是看重内心，而非外表。

第二，真实基督信仰的唯一要素是信心。惟有内在的心态是神所接纳的，其他别无代替。我们在本书第五章已经谈到，圣经一再坚持强调信心的必要和重要性。

第三，保罗告诉我们，信心是有所作为的，这就是信心活泼的本质。没有适当的行动，就等于没有真正的信心。

第四，信心自然的行动就是爱。没有爱的彰显，就没有真正的信心。爱心在本质上是积极、给予力量、安慰、造就人的。行为若是消极、论断、缺乏慈悲的，就没有爱的证据，因此也就是没有信心。有些行为尽管可能出于宗教因素，但绝对不是出于信心。

雅各书是新约中一本强调信心与行为关系的书信，有些解经家认为雅各和保罗对于信心的观点有相异之处。他们说，保罗强调得救唯靠信心，不靠行为；而雅各则强调，信心必须借着行为表达。我个人认为彼此并无矛盾：它们只是真理的两面。我们因信而不因行为称义，是因为没有任何行为能使我们赚取救恩。然而，当我们因信、不因行为称义之后，就必须借着行为来表达我们的信心，否则这信心就不是真实的。因此，保罗告诉我们如何被神称为义，而雅各则告诉我们，

被神称为义之后，随之而来的行为。我认为这两者间并没有冲突，只是强调的重点不同。

再者，若以为保罗不重视行为，是完全错误的。正如我们刚刚所讨论的，在加拉太书五章 6 节，保罗指出信心的本质就是行动——透过爱心的行动。在哥林多前书第十三章的爱的篇章，以及在其它的书卷中，他也告诉我们同样的真理。

雅各强调行为

在雅各的教导中，有关信心与行为的部分主要记载在雅各书二章 14 ～ 26 节。我们将这段经文分为六个部分来分析：

第一部分（第 14 ～ 17 节）：没有行为的表白

「我的弟兄们，若有人说自己有信心，却没有行为，有什么益处呢？这信心能救他吗？若是弟兄或是姐妹，赤身露体，又缺了日用的饮食；你们中间有人对他们说：『平平安安地去吧！愿你们穿得暖吃得饱』；却不给他们身体所需用的，这有什么益处呢？这样，信心若没有行为就是死的。」

我们需要了解，雅各在这里描述一个说自己有信心的人，换句话说，这人宣称自己有信心，但他的行为却与所宣称的不符。当他遇到了其他物质缺乏的信徒，这人只是说安慰的话，却不给予物质的援助。他无法以相称的行动来表达信心，显示他安慰的话只是空谈，没有丝毫诚意。对于我们所「宣告」或「承认」的信心也是一样。如果没有相称的行为，那么我们所有的就只是没有生命的空壳，缺乏内在的实质。

第二部分（第 18 节）：神学与生命

「必有人说：你有信心，我有行为；你将你没有行为的信心指给我看，我便借着我的行为，将我的信心指给你看。」

我常以这节经文来挑战自己。我的信心只是抽象的神学思想，或是能借着行为表达出来的信心？世人对于抽象的信心感到厌烦，却渴望能够在行为的榜样中看见真正的信心。我个人深信，没有实际行动的神学思想是无效的思想。

第三部分（第 19 节）：魔鬼的信仰

「你信神只有一位，你信的不错；鬼魔也信，却是战惊。」

信只有一位真神，是最正确、最正统的信仰，但却不足够。甚至魔鬼也相信，但牠是战兢地相信！我深信，魔鬼自己也相信整本圣经。他比任何一位神学家都还正统！那么，他的信心究竟缺少什么？答案就在一个字里：那就是「顺服」！撒但和牠的随从虽然相信那位真神，但牠们却坚持背叛牠。真实的信心使人顺服和听从神，否则就是无意义的！

第四部分（第 20～24 节）：亚伯拉罕的例子

「虚浮的人哪，你愿意知道没有行为的信心是死的吗？我们的祖宗亚伯拉罕把他儿子以撒献在坛上，岂不是因行为称义吗？可见信心是与他的行为并行，而且信心因着行为才得成全。这就应验经上所说：亚伯拉罕信神，这就算为他的义。他又得称为神的朋友。这样看来，人称义是因着行为，不是单因着信。」

雅各借着亚伯拉罕的生命来阐述他的论点。为了能够了解他所说的，让我们来看看亚伯拉罕生命中一些重要的事件。在创世记第十二章中，神呼召亚伯拉罕离开迦勒底的吾珥，为要进入应许之地。当亚伯拉罕遵从了神的话，神就带领他进入迦南地。创世记第十五章记载，亚伯拉罕埋怨神没有给他后裔——他亲生的孩子来承受产业。神指着夜空的繁星，回答说：「你的后裔将要如此。」亚伯拉罕的响应记录在创世记十五章 6 节：「亚伯兰信耶和华，耶和华就以此为他的义。」神在此称他为义，不是因为他曾做过的好行为，而单单是因为他信神。

不过，雅各却指出，这并不是亚伯拉罕与神信心关系的结局。亚伯拉罕相信神，单单因信心被称为义之后，他继续以接下来一连串的行动来表达自己的信心。在接下来创世记的七章经文中，我们看见神一步步地带领亚伯拉罕经历一次又一次的顺服。经过了四十多年，亚伯拉罕的信心才渐渐成熟。最后，在创世记第廿二章中，他面临信心最严格的考验：将独生子以撒，献在神的祭坛上。他顺服了，根据希伯来书十一章 17～19 节，他全然相信神能使以撒从死里复活，因此，他成功通过了考验。

在创世记第十五章时，亚伯拉罕尚未预备好迎接这项严格的考验。经过许多预备性的试验和挣扎，历经一次又一次地顺服，才将他带到

愿意献上以撒的信心高峰。雅各解释说:「可见信心是与他的行为并行,而且信心因着行为才得成全。」信心永远是起点,除此以外没有别的起点了。信心一旦形成,就会在一次又一次的试炼中,有相称的顺服行为。每一个顺服的行为,都会使信心得以坚固并成长,以预备接受下一次的试验。最后,透过一连串的试验和顺服的行为,信心便完全成熟了。

第五部分(第25节):喇合的例子

「妓女喇合接待使者,又放他们从别的路上出去,不也是一样因行为称义吗?」

最后,雅各以喇合为例,说明信心与行为之间的关系。喇合的故事记载在约书亚记二章1～22节和六章21～25节。我之所以喜欢这个故事,其中一个原因是它证明了无望的人也有指望。喇合是个罪孽深重的外邦女子,又住在神命定要灭亡的耶利哥城。可是因着信心,她逃过了毁灭的厄运,救赎了全家,并融入神百姓的民族里,嫁给一个犹太人,他们两人成了耶稣基督的祖先(参考马太福音一章5节)。

然而,喇合的信心不单是口里空泛的宣告,也透过相称的行动表达出来。约书亚差往耶利哥的探子就是住在她的家。当他们即将被捉拿时,喇合冒着生命危险将他们藏匿在屋顶。在这些探子离开前,她与他们达成一项协议说:「现在我既是恩待你们,求你们指着耶和华向我起誓,也要恩待我父家……」探子答应了,并且用他们自己性命作为担保向她起誓。事实上,他们是以神而不是他们自己来作为保证,因为是神自己定意要以超自然的大能,来毁灭耶利哥城(参考约书亚记六章20节)。既然达成了协议,喇合便再冒着生命危险,用绳子将探子从窗户缒下去。

探子逃离之前告诉喇合最后一项指示:「如果你想要得救,就要把这条朱红线绳系在你的窗户上,如果这线绳不在窗户上,你将无法得救。」这条朱红线就是承认的记号,藉此,喇合以可见的方式来表达她对探子承诺的信心。以新约的诠释来理解,这条红线完美地象征我们在基督宝血中的信仰宣告。

喇合的故事生动地说明了信心、表白、相称的行为三者之间的关系。喇合相信探子所说耶利哥城将要毁灭的消息;又相信他们要拯救她和她全家的承诺。然而,这还不足够。她必须在窗户上系上朱红线,

以表明她的信心。然而，这还不足够。她还必须冒着生命的危险来行出她的信心，就是先将探子藏在屋顶上，随后又将他们从窗户上缒下。在窗口系上这朱红线是很恰当的。因为，她若是没有在窗口边拯救探子们，这系在窗口上的线当然也无法拯救他。喇合的故事说明了三样不可分离的东西：信心、表白，以及相称的行为。

第六部分（第 26 节）：结论

「身体没有灵魂是死的，信心没有行为也是死的。」

雅各以一个直接却生动的比喻总结他的分析：信心没有行为就如死尸一样。这尸体可能是一尊木乃伊，尽管庄严地存放在信仰的环境中，但仍旧是死的。唯一能赋予身体生命的是灵魂。同样地，唯一能赋予信心生命的，就是相称的行为。

信心是一个过程

在以上的分析中，我们看见雅各如何使用亚伯拉罕的例子，说明信心与行为相连。保罗在罗马书四章 11 ～ 12 节中，也以亚伯拉罕作为我们信心的模范：

「并且他受了割礼的记号，作他未受割礼的时候因信称义的印证，叫他作一切未受割礼而信之人的父，使他们也算为义；又作受割礼之人的父，就是那些不但受割礼，并且按我们的祖宗亚伯拉罕未受割礼而信之踪迹去行的人。」

保罗首先解释，亚伯拉罕不是因割礼的行为而称义。相反地，割礼是他因信称义的外在印证，这义在割礼之前已被认定。其推论的结果是，若没有信心作为基础，割礼本身便毫无价值。

保罗接着说，亚伯拉罕因着信心的榜样，成了后代信徒的信心之父——不论是受割礼或未受割礼的信徒。不过，保罗同时也指出一项必要的条件，不论我们的种族或宗教背景为何，只要我们是亚伯拉罕的后裔，都必须符合这条件。那就是，「按我们的祖宗亚伯拉罕，未受割礼而信之踪迹去行」。

保罗指出「亚伯拉罕信心的脚踪」。显然，信心不是静止的状态，也不是一种条件，而是渐进的旅程，要求我们一步步踏上去，而每一

步都显示出个人与神的关系。我们不能制定一项公式，要求每个信徒都跟着走。不同的信徒站在不同的信心层级上。在信心的道路上行走多年的信徒，信心可能超越初信者，神对两者的要求也不一样。我们信心的道路是一条能表达我们与神关系的道路，而不需要仿效别人。

信心是一个过程，是信徒与神发展个人关系的结果。信心道路上的每一步都是顺服的行动。我们若走在与神联合的道路上不断顺服，信心就得以成长，迈向成熟。

摘要

信心的承认必须伴随着适当的行为，动机是出于爱。否则，信心就是空谈。

使徒雅各列出信心和行为之间三项重要的关系：

一、信心的承认若没有行为就没有价值。

二、神学必须在实际生活中实践出来。

三、正确的信仰必须伴随顺服的行动。

雅各以旧约中的两个例子说明这些原则：一、亚伯拉罕单单因信被神称为义，但随后他的信心在一连串的顺服行动中成长，趋于成熟，以在祭坛上献以撒时为信心的高峰。二、喇合不但相信探子的报告，并且冒着生命的危险救他们，并依照约定在窗口系上红线，表明她的信心。因此，她结合了信心、信心的表白和行为。

简而言之，雅各指出信心若没有行为就是死的，如同没有生命的死尸。

另一方面，保罗以亚伯拉罕为例，说明信心不是静止的状态，而是一个发展的过程，出于个人与神之间的关系。信心道路上的每一步就是一个顺服的行动。透过一连串顺服的行动，信心便得以成长，迈向成熟。

第九章 信心必须经历考验

我们在前面几章谈到，信心必须在口里承认，并且以行动来表达。本章我们将接着讨论信心的第三个「必须」。这个「必须」，通常是我们不喜欢面对却又无法避免的，那就是：信心必须经历考验。

在患难中喜乐

罗马书五章 1 ～ 11 节说到我们借着基督与神建立信心的关系。保罗在这里一连使用了三次「欢喜」一词。这是一个颇为强烈的词汇，表达一种可夸的信心。

在第 2 节中，保罗说：「欢欢喜喜盼望神的荣耀。」这一点并不难理解。我们若确实相信自己是神荣耀的后嗣，并将永远与神分享祂的荣耀，自然就会感到兴奋，并且表达出欢喜的盼望。

但保罗在第 3 节又再度使用同一词汇，他说：「不但如此，就是在患难中，也是欢欢喜喜的。」乍看之下，这似乎很荒谬。谁能想象在患难中要如何欢喜？在困难、逼迫、孤寂、被误会，或者穷困、疾病、丧失亲人的情况之下，谁能欢喜呢？为什么保罗建议我们，神也期待我们，在这些患难中仍然要喜乐？

所幸，保罗在后面为我们提供了解答，他继续说：「因为知道患难生忍耐，忍耐生老练，老练生盼望；盼望不至于羞耻，因为所赐给我们的圣灵将神的爱浇灌在我们心里。」(第 3 ～ 5 节) 保罗的意思是说，我们即使在患难中也能欢喜的原因，是因为从神而来的喜乐，在信心中经过忍耐，就会产生出坚固的品格，这品格是其他任何方式都无法培养出来的。

当我们详细分析保罗的话，就会发现透过患难的考验发展出的品格，有四个连续的成长阶段，分别是：

第一 坚毅。另一种翻译是「忍耐」。这是基督徒重要的品格之一。没有忍耐，就无法进入神为我们预备的上好福分和供应。

第二，老练。这字的希腊原文是 dokime。一些现代的圣经翻译版本将之译为：「品格的力量」(Living Bible)；「成熟的品格」(J.B.

Phillips）；「神的认同」（Jerusalem Bible）；「证明我们能够在考验中屹立不摇」（New English Bible）。这一词与经过熔炉锻炼的金属，有着紧密的关连。我们将在以下的段落中，更详细讨论这幅锻炼金属的图画。

第三 盼望。J.B.Phillips 圣经译本将这一词翻译为「稳定的盼望」。这类盼望指的并不是白日梦、自我陶醉，或是逃避现实的幻想，而是对美好事物强烈、安稳、有信心的期盼——期盼经历考验最终得着美好的事物。

第四，神浇灌在我们心中的爱。这爱绝不会令我们失望，并且远远超过我们心中的任何想望。因此，神试炼我们品格的最终目的，就是要带领我们享受祂自己的圣爱。

接着在第 11 节中，我们读到保罗第三次使用「欢喜」一词：「不但如此，我们既借着我主耶稣基督得与神和好，也就借着祂以神为乐。」在这里，我们再次看到神考验我们品格的目的。不论神的祝福、赐予和供应有多么美好，如果我们的喜乐或信心只能单单安于这些事物，这并不能让神满意。神的旨意是要我们不在任何事物、任何人的身上，而单单在祂的里面，找到最终、最高的满足。若没有我们之前论及的品格发展过程，这样的满足绝不可能凭空发生。当神自己——惟有神自己，成为我们最深的喜乐源头，和我们最终委身的目标时，我们的属灵生命才算达到成熟。

我们若把保罗在罗马书第五章的教导，与他在哥林多前书第十三章的教导——也就是著名的圣爱篇章——两者相互比较时，我们会发现有趣的差异。在罗马书中，保罗教导我们要进入完全的属天圣爱，就要借着忍耐或坚忍 而在哥林多前书十三章7节当中 他却反过来说。保罗告诉我们，惟有爱的力量足以忍受各种考验：「凡事包容，凡事相信，凡事盼望，凡事忍耐。」如此，圣经将爱和忍耐两者紧紧地连结起来。

保罗在罗马书第五章当中，再一次地提到信心、盼望和爱，这是基督徒生活经验中的三个连续阶段：信心产生盼望，而盼望产生爱。虽然他在哥林多前书十三章 13 节中，以同样的次序呈现这三种特质，但却赋予每一者永恒的价值，其中，爱是最为宝贵的：「如今常存的有信，有望，有爱这三样，其中最大的是爱。」当我们在神话语的光照下，默想这三种美好的特质时，需要将心专注于它们，直到它们成

为我们个人品格当中，永恒持久的一部分。这样，我们在日常生活经验中，就可以活出哥林多后书三章 18 节的真理：「我们众人既然敞着脸得以看见主的荣光，好像从镜子里返照，就变成主的形状，荣上加荣，如同从主的灵变成的。」「荣上加荣」从某一方面来说的意义是，由信心进入盼望，并从盼望进入爱。

雅各在他的书信一开始（雅各书一章 2～4 节），也谈到信心经过考验的发展模式：

> 「我的弟兄们，你们落在百般试炼中，都要以为大喜乐；因为知道你们的信心经过试验，就生忍耐。但忍耐也当成功，使你们成全、完备，毫无缺欠。」

保罗要我们在考验中欢喜；而雅各要我们在试炼之中喜乐。虽然他们的教导都和我们人性的思考恰恰相反，但两者都有着相同的原因：惟有考验能产生忍耐，而惟有忍耐能让我们进入神全备的旨意之中。对于这一点，雅各说：「使你们成全、完备，毫无缺欠。」当我们看见这样的目标时，就能理解，并欢欢喜喜地接受信心的考验。

烈火的锻炼

如同保罗和雅各，彼得也警告我们信心必须经历试炼。在彼得前书一章 5 节中，他将基督徒描述为「因信蒙神能力保守的人，必能得着所预备，到末世要显现的救恩。」他强调，惟有透过信心，神的大能才能在我们的生命里做成有效的工。因此，持守信心是进入神全备、终极救恩的必要条件。接着，在下面二节经文中，他详加描述我们的信心将如何被试炼：

> 「因此〔因期待救恩〕，你们是大有喜乐；但如今，在百般的试炼中暂时忧愁，叫你们的信心既被试验，就比那被火试验仍然能坏的金子更显宝贵，可以在耶稣基督显现的时候得着称赞、荣耀、尊贵。」

彼得在这里将信心的考验比喻为金子在火炉中被锻炼、精炼。在彼得前书四章 12～13 节，他回头论述同样的主题：

「亲爱的弟兄啊，有火炼的试验临到你们，不要以为奇怪（似
乎是遭遇非常的事），倒要欢喜；因为你们是与基督一同受苦，
使你们在祂荣耀显现的时候，也可以欢喜快乐。」

首先，当经历「火炼的试验」时，我们很可能将之解释为「某件
非比寻常的事」，也就是某件不属于基督徒生活的事情。然而相反地，
彼得的教导让我们清楚明白，这种考验是生活中必要的一部分，用以
炼净我们信心，如同烈火炼净金子。因此，他鼓励我们要「欢喜快乐」。
如同保罗和雅各，我们在彼得的教导中又再次看见，大试炼与大喜乐
之间似乎有着吊诡的关系。

玛拉基书三章 2～3 节中，先知鲜明地勾勒出耶稣的图像：人们
期盼已久的弥赛亚，来到祂的百姓中间，试验他们如同炼金之人熬炼
金银：

「祂来的日子，谁能当得起呢？祂显现的时候，谁能立得住呢？
因为祂如炼金之人的火，如漂布之人的碱。祂必坐下如炼净
银子的，必洁净利未人，熬炼他们像金银一样；他们就凭公
义献供物给耶和华。」

在圣经的时代，炼金者以高温度的烈火，将悬挂在熔锅之中的金
属加热来加以炼净。他们通常将火升在陶炉中，以风箱来煽动火焰。
当金属在锅中沸腾，其「渣滓」也就是许多不同的杂质，会被逼出表面，
炼金者便将表面的浮物除去（参考箴言廿五章 4 节）。这样的过程不
断重复，直到所有杂质都被除去，只留下纯洁、炼净的金属为止。

据说当时的炼金者会屈身观看锅中融化的金属，直到能够看见自
己的倒影浮现在表面，才满意金属的纯度。同样地，主是我们的炼金者，
祂会持续升高试验之火的温度，直到能够看见自己的形象完全没有扭
曲地，在我们的生命当中反映出来。

试炼和磨难是神锻炼、炼净祂百姓的炉缸，祂将持续熬炼，直到
他们达到祂圣洁的标准。旧约许多先知常常使用这幅图画来描绘以色
列人中，那些被命定可以通过神的考验，并且重获祂慈爱的余民。例
如在以赛亚书四十八章 10 节，神对他们说：

「我熬炼你，却不像熬炼银子；你在苦难的炉中，我拣选你。」

撒迦利亚书十三章 9 节，也说到：

「我要使这三分之一经火，熬炼他们，如熬炼银子；试炼他们，
如试炼金子。他们必求告我的名，我必应允他们。我要说：这
是我的子民。他们也要说：耶和华是我们的神。」

通过熔炉试炼的金属，被称作被「炼净」的金属，它们有着经过
认可的价值。而无法通过试验的金属，称作被「遗弃」的金属。以色
列在耶利米书六章 30 节中被称为「被弃的银渣」，因为即使神重复严
酷的审判，都无法炼净他们。

在新约当中，彼得、雅各和保罗都同声强调，当历经考验时，我
们特别被考验的部分是信心。拥有最高价值的金属，是经过烈火试验
之后才能够被接受。耶稣在最后的晚餐中告诫彼得，他在不久的将来
即将会否认主，并告诉彼得：「但我已经为你祈求，叫你不至于失了
信心。」（路加福音廿二章 32 节）由于即将来临的压力和彼得个人品
格的软弱，他在危难关头的失败是不可避免的。没有任何事物可以阻
止这失败的发生。但即使如此，他也不会失去所有。神仍然开路使他
回转，并且再次承认主，但这有一个条件，那就是：他并没有失去信心。

对我们而言也是如此。有时我们必须面对似乎令人无法忍受的艰
难，也许像彼得一样，我们也会退缩，会暂时失败。但我们并不致失
去所有！永远都有一条后路为我们存留，但先决条件是：我们并没有
失去信心。难怪信心被看为宝贵，比物质上的相应之物——「终会腐
败毁灭的金子」，还要来得持久。当我们在艰难之中，仍然不放弃信心，
就能体会约伯在遭受考验、经历灾祸时所说的话：「然而祂知道我所
行的路；祂试炼我之后，我必如精金。」（约伯记廿三章 10 节）

两种考验

马太福音十三章 3～8、18～23 节中有关撒种的比喻，描绘了
人们响应神话语的四种不同方式。落在路旁的种子代表那些心里根本
不接受神信息的人。落在好土里的种子代表那些心里接受信息，借着
信心和顺服，按时结出持久果子的人。然而，在这两种人的中间，耶
稣描述了另外两种人——落在土浅石头地上的种子，和落在荆棘里的
种子。这两种人的心中都接受了神的话语，但在后来却无法达到结出

长存果子的条件。因此，我们可以说这两种人都无法通过接受神话语
之后所须经历的考验。

这两种人代表着什么样的考验呢？让我们首先来看看落在土浅石
头地上的种子。耶稣在马太福音十三章 20～21 节里说到这一类的人：

> 「撒在石头地上的，就是人听了道，当下欢喜领受，只因心里
> 没有根，不过是暂时的，及至为道遭了患难，或是受了逼迫，
> 立刻就跌倒了。」

耶稣在这里的用语具有相当的重要性。祂并没有说：「如果为道
遭了患难，或是受了逼迫」，而是说：「及至为道遭了患难，或是受了
逼迫」。换句话说，患难和逼迫的来临是必然的，会在某个时间发生
在接受神话语之人的生命中。我们所面对的问题并非是否会遭遇这些
事情，而是我们是否有坚毅的品格，能够使信心毫无损伤地通过这些
考验。因此，我们必须让神的话语深入内心的最深处，好叫所有事情
都符合祂的旨意。我们里面绝对不能藏有「土浅石头地」，拒绝神话
语在生命每一方面的实践。

那么，那些落在荆棘丛中的种子呢？耶稣在马太福音十三章 22
节谈到这一类的人：

> 「撒在荆棘里的，就是人听了道，后来有世上的思虑、钱财的
> 迷惑把道挤住了，不能结实。」

这一类人所面临的考验并不是患难和逼迫，恰恰相反地，是属世
的思虑和钱财。群众的流行文化和物质的成功挤住了神话语的生长，
以致到最后，神的话语无法在他们生命中产生果效。他们无法改变成
为基督的样式，反而效法身边不相信基督、拒绝基督的世界。

简单地说来，这两类人代表了所有信徒必须经历的两种考验。第
一种考验发生在我们遭遇困难时；第二种则发生在我们身处安逸时。
有些人往往在逼迫的压力之下就放弃了信心；另有一些人则是在物质
成功的压力之下放弃。在箴言书中有一句话可以分别应用在这两者身
上。对于那些遭遇逼迫而退缩的人，所罗门说：「你在患难之日若胆怯，
你的力量就微小。」（箴言廿四章 10 节）关于那些无法在成功之中站
立得稳的人，所罗门说：「愚昧人背道，必杀己身；愚顽人安逸，必
害己命。」（箴言一章 32 节）很悲哀的是，所罗门自己就属于第二类。

尽管他拥有神所赐予的一切智慧，成功最终让他成了愚昧的人，毁了他自己。

另外，在摩西的身上，我们可以看见一个忍耐考验的模范。他在埃及宫廷中身为法老王位的可能继承人，享受了四十年的荣华富贵。但在他的品格成熟后，他转身放弃了这一切，却选择了孤寂、看似失败的道路。希伯来书十一章 24～25 节鲜明地描绘了这个选择：

> 「摩西因着信，长大了就不肯称为法老女儿之子。他宁可和神的百姓同受苦害，也不愿暂时享受罪中之乐。」

在接下来的四十年当中，摩西经历了患难的考验。他成了流亡异乡的逃犯，从世界的眼光来看是没有出息的人，在荒芜的边疆旷野为自己的岳父看守羊群。

然而，当摩西终于通过这些考验后，他以八十岁的年纪，跃升为神所蒙召的解放者和百姓的领袖。摩西成功地见证了雅各书一章 4 节的话语：「但忍耐也当成功，使你们成全、完备，毫无缺欠。」

两个骗子

鲁迪亚· 吉卜林（Rudyard Kipling）在他著名的诗「如果」，说到一个有关成功和失败的真实原则：

> 「如果你能面对胜利和灾难，
> 以同样的态度对待这两个骗子……」

不论我们称它们为成功和失败，或胜利和灾难，吉卜林对它们的形容是对的——它们都是骗子。两者的表面都不能代表其真实的内在；两者都不能持续永恒。

很幸运地，圣经提供我们一个完美的榜样，教导我们如何面对这两个骗子。没有人比耶稣自己更能充分地面对它们，更能有效地揭露它们虚假的面貌。当群众将衣服铺在路上，欢迎这位先知进入耶路撒冷时，耶稣经历了无可比拟的成功。一个星期过后，同样的这群民众却呼喊着：「钉祂十字架！钉祂十字架！」当至亲朋友和门徒全都遗弃祂时，祂也经历了完全失败的时刻。然而，耶稣却从未因为成功而

心高气傲，也从未被失败彻底打击。在这两种情况之中，祂一心一意只为了成就一个最高的目的——成就天父的旨意，做成天父差遣祂去做的工。这个坚定不移的目标帮助祂胜过这两种考验——成功和失败。

在希伯来书十二章 1～2 节，作者首先以旧约所记载的信心典范来挑战我们，这些人都凭着信心胜过每一种试验。接着他又以耶稣为忍耐和终极胜利最终、完美的典范。

「我们既有这许多的见证人，如同云彩围着我们，就当放下各样的重担，脱去容易缠累我们的罪，存心忍耐，奔那摆在我们前头的路程，仰望为我们信心创始成终的耶稣（或作：仰望那将真道创始成终的耶稣）。祂因那摆在前面的喜乐，就轻看羞辱，忍受了十字架的苦难，便坐在神宝座的右边。」

当我们按照圣经的劝勉，以耶稣为我们的典范，便会发现祂真是「我们信心创始成终者」。那位按着祂的恩典在我们生命中开始动工的主，也同样会按着祂的恩典完成这工。祂的胜利成为我们的胜利。祂唯一的要求，便是我们把眼目定睛在祂身上。

摘要

圣经清楚地劝诫我们，信心一定会遭遇严酷的考验。这些都是证明真实信心、培养健全基督徒品格的必要过程。

保罗列出了四项考验的结果：第一，忍耐（或坚毅）；第二，老练；第三，盼望（对于美好事物强烈、安稳、有信心的期待）；第四，神的爱充满我们的心。最后，考验可以带领我们进入与神之间的关系，这种关系能够让我们找到最高的满足，是无法在其他事物、无法在神以外，可以找到的满足。

雅各和彼得同样地教导我们，患难是基督徒的生命经验中，不可或缺的一部分。彼得将我们经历的考验比喻为炼金者用来炼净金子、提升其宝贵价值的烈火。这个比喻也被旧约先知用来描述神对以色列的考验。

保罗、雅各和彼得都强力保证，我们若了解患难的目的，便能以喜乐来迎接它们。即使我们在极大的艰难中暂时失败，也绝对不要放弃信心。

考验有两种主要形式：第一种，当环境太过困难；第二种，当环境太过安逸。摩西代表了通过这两种考验的典范，跃升成为神为他百姓所立的领袖。然而，合宜面对成功和失败的最佳典范乃是耶稣自己。当我们效法祂的榜样，就会使我们的信心迈向全然的成熟。

第十章 信心的大小

为要有效研究信心在基督徒生活中所扮演的角色，我们必须讨论保罗在罗马书十二章 1～8 节中，有关「信心大小」的教导：

> 「所以弟兄们，我以神的慈悲劝你们，将身体献上，当作活祭，是圣洁的，是神所喜悦的；你们如此事奉乃是理所当然的。不要效法这个世界，只要心意更新而变化，叫你们察验何为神的善良、纯全、可喜悦的旨意。我凭着所赐我的恩对你们各人说：不要看自己过于所当看的，要照着神所分给各人信心的大小，看得合乎中道。正如我们一个身子上有好些肢体，肢体也不都是一样的用处。我们这许多人，在基督里成为一身，互相联络作肢体，也是如此。按我们所得的恩赐，各有不同。或说预言，就当照着信心的程度说预言，或作执事，就当专一执事；或作教导的，就当专一教导；或作劝化的，就当专一劝化；施舍的，就当诚实；治理的，就当殷勤；怜悯人的，就当甘心。」

保罗以「所以我劝你们」这句话为这一章的开始。有人说，当我们在圣经中读到「所以」这一词，就需要找出「因为」。「所以」在这段经文中，是承接保罗先前在罗马书第十一章中的论述。在罗马书第一章到第八章，他解释基督如何借着在十字架上的死，为罪和其一切恶果成为完全、最终的赎价。在第九章到第十一章，他转而论述在旧约之下以色列人的顽梗和盲目，以及神持续向他们彰显无限的恩典和忍耐。

保罗在说明神对犹太人和外邦人的怜悯之后，说：「所以……」，知道神为我们所做的事之后，我们应有何「属灵的服事」——或「合理的响应」呢？（圣经批注中此处的「属灵」一词另译为「合理」。）神至少可以向我们要求什么呢？我们应做的就是「将身体献上，当作活祭」也就是将自己毫无保留地献在神的祭坛上。保罗所说的「活祭」是以旧约的祭牲作为对照。旧约里奉献的祭牲都是先被宰杀，然后放在祭坛上。新约要求我们将自己的身体完全献上，不同之处在于我们仍是活的。我们要活着事奉神，而不是献上死尸。

活祭代表对神完全的顺服。这种顺服的态度打开一条道路，引导

我们走向神的旨意与供应。走上这条道路的第一步，就是要改变我们的生活方式，停止效法这个世界，并且更新变化。这样的变化不是透过制定外在的规则，例如应当吃什么食物、穿什么服装、如何装扮、从事什么娱乐等等。这是心思上的转变，包括心态、价值观和优先级的改变。

保罗在罗马书八章 7 节中说：「体贴肉体的，就是与神为仇，因为不服神的律法……」。「体贴肉体」乃是我们犯罪悖逆神的结果，此时我们的心思意念自然便是体贴肉体的，但却使我们成了神的仇敌。在人类的关系中，我们绝不会向与我们为敌的人透露重要或宝贵的事。我们若与神为敌，祂也不会向我们透露许多宝贵奇妙的事。但借着顺服的行动，我们的心思意念便得以与神和好，不再与神为敌，并会渐渐从圣灵得着更新。

此后，神便可以向我们更新的心思意念彰显祂的「旨意」，也就是祂对我们每个人特别的计划。当我们的心思愈来愈被更新，神便会以三个连续的阶段向我们显明祂的旨意。在第一个阶段，神的旨意是「善良」的。我们发现，祂只希望给我们对我们好的事物。在第二个阶段，神的旨意是「可喜悦」的，我们愈了解神的旨意，便会愈喜爱神的旨意。在第三个阶段，神的旨意是「纯全」的，是对我们生活每个层面完全、无所不及的供应。（编注：原文圣经中罗马书十二章 2 节的顺序是神「善良」、「可喜悦」、「纯全」的旨意。）

我们更新心思之后，便不会「看自己过于所当看的」。我们不再心高气傲，自私自利，自以为是。我们不再追求虚浮的荣耀，而会变得稳重、务实，并培养良好的判断力。我们会体会耶稣的心，并效法耶稣的祷告：「……不要照我的意思，只要照祢的意思。」此时，我们看重神的旨意和计划过于我们自己的。

这使我们发现另一件事：神是按着每个人独特的状况，赏赐大小程度不同的信心。不是由我们来决定自己有多大的信心，神已经为我们衡量好所需信心的大小，并按着我们的所需来赏赐。但神是根据什么样的标准来衡量我们需要多少信心呢？

保罗的回答是用来解释神的身体教会应如何运作：「正如我们一个身子上有好些肢体，肢体也不都是一样的用处。我们这许多人，在基督里成为一身，互相联络作肢体 也是如此。」（罗马书十二章 4～5 节）身为基督徒，我们乃是彼此连结成为一个「身体」，在这个身体中，我

们每个人都是一个肢体，具有特别的地位和功能。一个是鼻子；另一个是耳朵；一个是手，另一个则是脚等等。

保罗在哥林多前书十二章 12～18 节中，对于身体和肢体的观念有更详细的论述。祂说是「神随自己的意思 把肢体俱各安排在身上」。我们当中没有一个人能自己选择要成为哪一个肢体。我们所能做的是发现神预先为我们安排的位置，并尽忠职守。要达到这个地步，我们必须拥有「更新的心」。

保罗进一步指出，作为身体上的肢体，我们必须互相依赖。我们彼此需要，没有人可以按着自己的喜好任意而行，彷佛自己和别人没有关系。「眼不能对手说：我用不着你。头也不对脚说：我用不着你」（哥林多前书十二章 21 节）。头是身体上最高的部位，象征基督耶稣（参考以弗所书四章 15 节）。脚是身体上最低的部位，然而头需要脚的支持，不能没有脚。了解这个原则之后，我们更加明白保罗为什么说我们要了解自己在基督身体中的位分，不要看自己过于所当看的，并且要稳重、务实。

「百节各按其职，建立基督的身体」这幅图画，使我们了解保罗所说的「信心的大小」意义何在。为要发挥功能，我们需要一定份量的信心。脚需要「脚的信心」；手需要「手的信心」；眼睛需要「眼睛的信心」。每个肢体所需要的信心都是不同、无法交换的。使手发挥功能的信心，无法同样使脚发挥功能；使眼睛发挥功能的信心，无法同样使耳朵发挥功能。每一个肢体都需要独特份量的信心。

我们一旦发现自己在身体上适当的位置，并且以自己所得份量的信心来运作，我们就可以进入神下一个阶段的供应，也就是「恩赐」的使用。「按我们所得的恩赐，各有不同。或说预言，就当照着信心的程度说预言……」（罗马书十二章 6 节）。除了说预言，保罗还另外列出六种恩赐：作执事、教导、劝慰、施舍、治理事和怜悯人。保罗并非尽列所有的恩赐，只是列举其中一部分，表达恩赐的多样性。

保罗在此表明了一个重要的原则：在身体中找出适当的定位和功能，而后才寻求恩赐。有些基督徒非常注意恩赐与职事。他们一心追求自己所喜欢的恩赐，尤其是那些较显而易见的恩赐，例如医病的恩赐、行异能的恩赐，或是作使徒、传福音的职事等。

保罗在哥林多前书十二章 31 节说：「你们要切切地求那更大的恩赐……」，但保罗在这里没有指出什么是「那更大的恩赐」，这并没有

绝对的标准答案。恩赐的价值是关乎我们在身体上的位置。能使我们充份发挥功能的恩赐，就是「那更大的恩赐」。

许多基督徒没有听取保罗的劝告，培养良好的判断力，只是醉心于追求外显、令人兴奋的恩赐。我们的首要责任不是决定自己喜欢什么恩赐，而是发现自己在基督身体中的位分，这会决定我们需要什么样的恩赐，使我们可以有效率地发挥功能。经验告诉我们，当一个基督徒在自己所属的位分上服事，所需的恩赐就会自然临到，他几乎不需要奋力挣扎来获得那些恩赐。

我们现在可以为保罗在罗马书十二章 1～8 节的教导作以下的摘要：

一、首先要将身体献上，当作活祭。

二、借着使心思意念降服于主，我们会逐渐从圣灵得着更新。

三、我们整个生活型态开始有所改变，这是心思更新的外在表现，我们将「更新变化」。

四、透过更新后的心思，我们从经历中认识到神对我们的旨意具有三个层次：1.「善良」；2.「可喜悦」；3.「纯全」。

五、根据经验的证实，神的旨意已为我们量定在基督身体中的位分，使我们在此位分上发挥功能。

六、我们因此发现，神已按着我们的位分所需，给予我们适当份量的信心，使我们在基督的身体内发挥功能，我们若是耳朵，就有耳朵的信心；若是眼睛，就有眼睛的信心。

七、当我们以所分得的信心在自己的位分上发挥功能，我们所需的恩赐便开始运作。

我们在第六章论到保罗在罗马书十章 17 节所说：「可见信道是从听道来的，听道是从基督的话来的。」这里所提及的「信」，与罗马书第十二章谈论的信心有何关系？保罗在此说到神根据我们在基督身体内的位置和功能，分给每个人特定大小的信心。

我相信，对于基督徒而言，「听道」就好像雷达与飞机的关系一样。我们对于神对我们个人所说的「rhema」愈敏锐，就愈容易清楚接受神的引导，找到自己在基督身体中的位分和功能。我们应寻找正确的

定位，就像飞机要降落在正确的跑道上一样。「听道」就如同雷达使我们正确地到达神所定的位置。因此，当我们持续聆听神对我们个人的话语「rhema」时，就能在自己的位分上有效率地发挥功能。

神确实已为我们每个人分配适当大小的信心，但这并不表示信心是静止的。相反地，随着我们在基督身体里有效发挥功能的能力增长，我们的信心也会同样地增长。更大的工作能力需要更大的信心。信心的增长会使功能运作地更有效率。无论如何，信心和功能之间总是有着一定的关系。

信心不是可以在市场上随意购买的商品，它是我们与神密切关系的表现，也是降服于神的行为，使我们符合神在我们生命中的计划。我们愈是顺服神、听从神，信心就愈能使我们发挥应有的功能。这份信心纯粹是个人的，是神特别量给每一个人的。「我」的信心对你可能不奏效；而「你」的信心对我也许没有帮助。每个人拥有属于自己独特的一份信心。这份信心使各人在基督身体中发挥个别特殊的功能。

在我初信主时，我曾经因为一位主内长辈的信心深受感动。他为主做出极大的牺牲，并拥有极大的成就。有一天，我不假思索地向主说：「主啊，我永远都无法拥有那样的信心。」主却出乎我意料外清楚地回答我：「你当然不会拥有那样的信心，因为你根本就不需要。我并没有要求你做和别人一样的事。」直到现在，我一直非常感谢神在当时给我的功课。神是按照我们完成任务所需的信心份量来赐给我们信心的。

我在后来的事奉生涯中，见到许多基督徒显然没有学到这个功课。他们不断向主祈求更大的信心，常常为此而挣扎，然而他们的信心似乎永远都不够。他们显然没有得着所寻求的信心。我后来了解到，在绝大多数的事件中，并不是神没有赐下足够的信心，而是他们把信心运用在自己所选择的事上，而不是神所定的事上。

这就好像脚套上手套，或是鞋子穿在手上，都无法发挥理想的功能。其实手、脚、手套、鞋子也许没有一件是有问题的，分别来看，它们都是好的，是有用的，但却被用在不对的地方。若把鞋子穿在手上，要手做脚的工作，手必定做得十分笨拙，若把手套套在脚上也是如此。但若是手戴上手套，脚穿上鞋子，就能配搭协调，各自发挥理想的功能。神所赐的信心也是如此，它适合神所定的肢体功能，正如手套适合手，鞋子适合脚。

在希伯来书第四章，作者谈到信徒进入产业的真理：「我们已经相信的人得以进入那安息……」（希伯来书四章 3 节），信心能使我们进入安息。我们一旦发现自己在神所赐产业中的位置，便能经验到内心深处的平安。尽管外面可能有许多艰辛的任务、强大的压力和逼迫，但我们里面始终会保持不受干扰的平安。我们若需要不断奋力挣扎，就意味着我们尚未发现神所命定的位置与职分。

希伯来书作者在第四章 11 节继续说：「所以，我们务必竭力进入那安息……」，努力是必须的，基督徒生活不容许懒惰或冷漠。但我们必须认识努力的目标。我们努力的目标不是追求信心，而是要在基督身体里神所定的位置。我们一旦找到自己的位置，就能不费力地发挥应有的功能，正如脚能走路，手能做事。

摘要

基督徒有果效的服事始于降服的行动，就是把自己献给基督「成为活祭」。这将使我们的思考模式完全改变，我们将「心意更新」。我们的心态、价值观、优先级都会完全改变。神的计划和心意优于我们自己的计划和心意。

当我们有了更新的心思，就会视自己和其他的信徒为基督身体中的肢体。因此，我们首先需要找到神为我们在这身体中定的位置，并发挥自己在身体中的功能。当我们这么做的时候，会发现神已按照我们个人所需的信心大小赐下信心，使我们可以发挥所定的功能。

当在我们特定的位置上使用所分得的信心，就能发挥最需要的恩赐（charisma），这对我们而言，就是「更大的恩赐」。

我们如果经常奋力追求信心或恩赐，可能代表我们还没有找到自己在基督身体中的定位。我们一旦找到自己的定位，我们的职分、信心和恩赐就会经历神所赐的和谐。

第十一章 信心翻转人堕落的结果

在本书的最后一章,我们将从另一个角度来谈信心这个主题。我们将看见圣经中的信心,也就是神所赏赐运行在我们生命中的信心,能除去人类堕落的影响。

圣经启示,人类被造之初是完美的,但却在一次的过犯中堕落了,因为人必须为这个过犯付出代价。然而,神并不愿让人陷于堕落的光景中。圣经便是由此展开救赎的伟大主题。这个故事讲述的是神如何借着基督在十字架上的受死,为了祂自己的缘故将人类赎回;也讲述祂如何进行人类的恢复工作、改变人的本性与道路,以将人类带回神最初的心意。展开恢复的历程关键是信心。换句话说,操练信心的救赎性果效就是翻转堕落的后果。

信心,言语,创造力

为了充分了解这个课题,我们必须思想人类的本质、人如何一步步走向堕落,与人向试探屈服的根本原因为何。然后我们将看见信心如何翻转原来的局势。在创世记一章 26 节,我们可看到神创造人的最初样式:「神说:『我们要照着我们的形像、按着我们的样式造人……』」。当我们顺着这个主题研读圣经,会发现神和人之间的「相似」包含许多不同的层面。

我们在这一章将把重点放在神的本质,这一点很少被提及,却是相当重要。这个本质和人的本质有一个相对应的部分,就是运用信心的能力。信心是神自己永恒本性的一部分,祂藉由信心来成就所有的事。在祂所说的话语当中,就充分展现了祂的信心。祂的话语是传达出信心的管道,也因此是成就祂创造力的工具。

我们从以西结书十二章 25 节可看见,神对自己话语的信心具有强大的能力:「我耶和华说话,所说的必定成就。」以「我耶和华」作为开头,就表示后面所说的话语是神永恒不变本质的一部分。当神的话语一出,事情就成就。这就是祂对自己话语的信心。

希伯来语言有个特点,就是可栩栩如生地呈现出神和祂话语的真实性。旧约希伯来文中有一个字 daba,它同样可译为「话语」或「事

物」，需从上下文来判断哪一个翻译比较适合。通常此字是一语双关，当神用信心说出话语时，那话语就成了具体的事物。

在本书的第六章中，我们看见新约圣经中的希腊文 rhema，也是同样的情况。神出于信心所说的话语 rhema，蕴含了成就话语的大能。

在希伯来书十一章 3 节中，我们得知整个宇宙是借着神对自己话语的信心之创造性大能而形成的，「我们因着信，就知道诸世界是藉神话造成的；这样，所看见的，并不是从显然之物造出来的。」在整个可见的宇宙背后，我们可从信心辨明那不可见的背后起源——神的话语。因此人凭信心就能辨识出神的信心之作为。

我们在第三章中论及信心的恩赐时，参考了诗篇卅三篇 6、9 节，大卫在此处生动地描绘出神的创造过程，乃是借由口里所说的话语：

「诸天藉耶和华的命而造；万象藉祂口中的气而成……因为祂说有，就有；命立，就立。」

在创世记一章 3 节中，我们可以看到这是如何运作的：「神说：『要有光。』就有了光。」神所说的话语成了具体的事物。

因此，我们得到三个关于信心的结论，能帮助我们了解它独特的能力与重要性。首先，信心是永恒神性的一部分；第二，信心是神使宇宙成形的创造大能；第三，神借着祂的话语展现出信心，并且确实成真。

因为神创造人时，给了人行使信心的能力，我们也可以在人身上发现其他两个与信心相关的能力：创造的能力与话语的能力。神和人所共有的这两个能力是相当重要的，也是人有别于动物的所在。

在人的本质里就有创造力。人能预先看见尚未真实存在的事物，然后策画使之实现。这点使人类与所有的动物区别开来。举例来说，鸟类能筑出极为繁复精致的鸟巢，但牠是出于本能而行。鸟类无法预见尚未真实存在的事物，然后策画使之实现，但人可以。从这方面来看，人类是不断在创造的。

另一个和人类创造力相关的是说话的能力，若是没有此能力，人类将无法确切阐述并表达创造性的目的。没有一种已知的动物拥有人类聪明、清晰的说话能力，这一点特别显露出人类拥有神的

形象。

因此我们明白，人类在创造之初就在三方面具有神的本质：运用信心的能力、说话的能力与创造的能力。

撒但对信心的攻击

因为神使人和祂一样，拥有运用信心的能力，可见神也要人使用信心。神在创造人之初，就将人放在需要操练信心的处境中。圣经中清楚地记载，这位有位格的神，并没有一直在园子里与亚当同在，反倒离开他，用祂的话语代替祂的同在。我们在第一章中已看见，信心使我们连结于两个不可见的实体——神和祂的话语。亚当发现自己身处在这种关系中，他与神有直接、个人的接触，但当神不再以有位格的方式出现在伊甸园中，亚当就有义务透过神所留给他的话语与神连结。

这些话语记录在创世记二章 15～17 节：

> 「耶和华神将那人安置在伊甸园，使他修理，看守。耶和华神吩咐他说：『园中各样树上的果子，你可以随意吃，只是分别善恶树上的果子，你不可吃，因为你吃的日子必定死。』」

第 16、17 节的话语确实是神对亚当所说的。这些话语分成三部分：第一是允许，第二是禁止，第三是警告。所允许的是：「园中各样树上的果子，你可以随意吃……」。所禁止的是：「只是分别善恶树上的果子，你不可吃……」。最后，所警告的是：「……因为你吃的日子必定死」。那是神对亚当所说话语的三个层面：允许、禁止与警告。

只要人能透过神的话语持续与祂有正确的连结，人就是蒙福与受保护的，撒但无法动人一根寒毛，但是撒但处心积虑地想要使人与神隔绝，并剥夺神给人的祝福。牠用一贯的诡诈本色，开始时牠并不直接挑战亚当跟神的关系，而是设法暗中破坏神对亚当所说的话。接着，牠透过「较软弱的器皿」——夏娃，来接近亚当。

创世记三章 1～3 节描述撒但与夏娃的首次会面：

> 「耶和华神所造的，惟有蛇比田野一切的活物更狡猾。蛇对女人说：『神岂是真说不许你们吃园中所有树上的果子吗？』女人对蛇说：『园中树上的果子，我们可以吃，惟有园当中那棵

树上的果子，神曾说：你们不可吃，也不可摸，免得你们死╝」

在撒但欺骗夏娃的计谋中，牠并非一开始就直接驳斥神的话语
——若那样做意图就太明显了！牠一开始只是轻声质疑：「神岂是真
说……？」我相信夏娃在开始思考这个问题的那一刻起，就已经输了
这场战役。如果我们要与神保持一个正确的关系，就必须不去思想某
些问题，但夏娃相信自己的判断，她觉得她足以应付在园中接近她的
那只美丽、聪明的蛇。她犯错的根源就是对自己的信心。

创世记三章 4 节记录了撒但下一步的计谋：「蛇对女人说：『你们
不一定死！』」因为夏娃已经先接受了这个问题，她就不再有能力抵
抗蛇的否认。

然而，撒但的计谋还没结束呢。为了了解牠的最终目的，我们
需要提醒自己在第五章得到的两项结论。第一，真实信心的最终目
的是神自己。如果我们曾失去对这位神的信心，最终将对牠的话语
失去信心。第二，如果我们过去一向对神的良善、智慧、供应的能
力满有信心，不曾质疑，那么将不会有任何犯罪的念头。牠在这
之前已经成功地破坏了夏娃对神话语的信心，现在又继续破坏她
对神本身的信心。牠借着说「因为神知道，你们吃的日子眼睛就
明亮了，你们便如神能知道善恶」（创世记三章 5 节）来达到牠的
目的。

我们从上下文中可得知，撒但话语的目的是要使人怀疑神对待亚
当、夏娃的动机。这些话语含沙影射地指控神是个专制的暴君，试图
要藉由人的无知，使他们屈居劣势。我们可以将撒但控告神的话语如
此重述：「你真的认为神爱你吗？你认为牠真想要跟你在一起吗？才
不是呢！你难道不知道牠把你留在这个园子里，就是要掌控你吗？你
真的比奴隶好不到哪里去。如果你现在就去吃那棵树上的果子，局面
将有所不同！你就再也不必倚靠神；因为你就是神。」

这番劝诱终于破坏了夏娃跟神的关系，她对神的话语失去了信心，
现在她对神本身也失去了信心。尽管她身边处处可见神爱与良善的明
证，但她非但看不见，还开始相信撒但对神恶意攻讦的描述，说牠是
个专制的暴君，企图使她和她的丈夫完全无法发挥他们真正的潜力。
他们只要吃了禁果，天生能与神同等的潜能就会立刻被释放出来！还
会有什么事比变得像神一样更令人渴望呢？

创世记三章 6 节记载夏娃屈服了：

「于是女人见那棵树的果子好作食物，也悦人的眼目，且是可喜爱的，能使人有智慧，就摘下果子来吃了，又给她丈夫，她丈夫也吃了。」

这里的关键词是「见」。夏娃「见那棵树……」。这个字意味着从一个领域过渡到另一个领域。就这一点而言，夏娃失去了对不可见领域中的神和祂话语的信心，受眼睛所见的影响，她开始仰仗她的肉体感官。她从信心的层次堕落到感官的层次。在这个较低的层次中，这棵树有三个吸引她的特点：好作食物、悦人的耳目、能使人有智慧。

试探的本质

使徒在约翰一书二章 15 ～ 16 节中列出三种基本的试探：

「不要爱世界和世界上的事，人若爱世界，爱父的心就不在他里面了。因为，凡世界上的事，就像肉体的情欲、眼目的情欲，并今生的骄傲，都不是从父来的，乃是从世界来的。」

在神的眼中，这个感官的世界是由三部分所组成的：肉体的情欲、眼目的情欲并今生的骄傲。在圣经中，「情欲」这个字通常意味着一种强烈的渴望，它已被扭曲、具杀伤力，并且不符合神公义的标准。约翰在这里所列举出的前两种试探，就是受人身体感官所影响的渴望。第三种试探诉诸人的自我或灵魂。「今生的骄傲」就是人内心的呼声，拒绝承认对神的倚靠，试图高举自己，就如这样的话：「我能过好自己的生活……我不需要倚靠神……为什么我要比神低等？」

当耶稣在旷野的时候，祂逐一面对撒但所提出的三种试探（参考路加福音四章 1 ～ 13 节）。撒但试探祂把石头变成食物——肉体的情欲。接着牠又把天下万国并一切的权柄、荣华都指给祂看——眼目的情欲。最后，撒但试探耶稣从圣殿顶上跳下去，如此会自然成就一个荣耀祂的奇迹，而不必顺服天父的旨意或寻求天父的荣耀，这就代表今生的骄傲。

比较亚当与耶稣所面临的试探，当中有几个有趣的特点（参考哥林多前书十五章 45 节，耶稣被称为「末后的亚当」）。亚当遇见试探

的地方是在美丽的园子里,四周在在显出神慈爱的供应;耶稣遇见试探的地方则是一个贫瘠的旷野,除了野兽之外别无其他同伴(参考马可福音一章 13 节)。亚当因为食物而屈服于试探;耶稣则是藉由禁食战胜试探。两相对照之下,可见到相当深远的含义!

回到撒但与夏娃的会面,我们观察到这棵树向夏娃呈现的同样是这三种基本的试探。它诉诸于食欲——肉体的情欲;诉诸于眼目——眼目的情欲;诉诸于她的自我,因为它承诺会使她有智慧,使她不需要倚靠神——今生的骄傲。

在本质上,罪并不是做错事。罪是一种想要独立于神的渴望。一旦我们内心出现这种渴望,就会招致属灵的危机。在夏娃的例子当中,她希望独立的方法是藉由知识——知道善恶。这是人类寻求独立于神的一种普遍方式,其他方式诸如财富、名声或权力等。其中最巧妙诡诈的一种便是宗教。我们可能变得如此虔诚,以致根本不需要神。

夏娃因着被独立的渴望所驱策,将对神话语的信心转移到自己的感官。她很快地就屈服于这棵树的三种试探,吃了它的果子。然后她引诱丈夫也做同样的事,他们两人就因为悖逆而远离了神。

有了前面对创世记三章 1～6 节的分析,我们现在便能够总结试探的本质。在神与祂话语的不可见领域中的信心,对人类来说不但是起初就有的,也是自然的;不信才是扭曲与非自然的。试探分化人类对神和祂话语的自然信心,反而透过人类肉体的感官来诉诸于人类。我们若深究试探的根源,会发现每一种试探都导向不信。它所利用的动机就是想要独立于神的渴望,而它所产生的结果就是悖逆神。

信心是解药

信心运作的方向正好与试探相反。信心要求人类不但要弃绝感官上的信心,也要弃绝想要高举自己、独立于神的野心。恰恰相反地,信心高举不可见领域中的神和祂的话语,并要求人要谦卑自己,并承认需要倚靠神。因此信心能免除人类堕落所产生的后果,并开启道路,使他恢复与神最初的关系。

人一方面面对神对信心的要求,另一方面也有自己的感官知觉,人类发现自己陷入两难,落入两股相反的力量。哈巴谷书二章 4 节中呈现出这两极之间的张力:「迦勒底人自高自大,心不正直;唯义人

因信得生。」正如我们先前谈到的，这节经文的下半部在新约里被引用了三次，这些经文都在说明人因信称义，而不在乎行为。然而，当我们让此节经文的上下两部分两相对照，视它们为互不兼容的两极，我们便能充分了解这个两难局势的张力。

这节经文的上半部是在描写人心对神的悖逆，了解这一点是重要的。犹太版本的经文说道：「看哪，他的心高傲，在他里面没有正直……」，这符合约翰所说的「今生的骄傲」。我们也许可以将它改写成：「人心高举自己以致败坏」。人的自我寻求高举自己，拒绝神和祂话语的宣告，反而宁愿相信自己的感官，亟欲独立于神之外。

这节经文的下半部描述了另一种全然不同的选择。凡以信心为生活根据的人，会在神面前自卑，接受神话语为准则，舍弃对自己与感官的信心。感官是诉诸于人独立、高抬自己的自我意识，但信心则使人谦卑自己，且有果效地说出：「你并不独立，你必须倚靠神。只有符合神的话语时，你才能相信你的感官。对与错、真实与错误的最后评定标准，不是藉由你的感官，而是神所说的话语。」

因此，信心除去了使人开始堕落的立场；堕落使人被拘禁在感官的领域里：「夏娃见那棵树的果子好……」，这是在高举人的自我：「你们便如神了」。假如我们要活出讨神喜悦的公义生命，就必须舍弃所有高举自我的意识。那么要如何舍弃呢？乃是借着信心的法则。信心拒绝让感官、属魂的骄傲来作主。

保罗在罗马书三章 27 节中指出，骄傲是无法与真正的信心相比的：「既是这样，哪里能夸口呢？没有可夸的了！用何法没有的呢？是用立功之法吗？不是，乃用信主之法。」任何一种使人独立于神、高举自我的宗教感觉或活动，都不是圣经中真正信心的表现。

所以人有两种生活方式，其一是拒绝倚靠神，相信自己与感官；另一则是宣告弃绝对自己与感官的信心，却相信感官所无法理解的——神和祂的话语。借着脱离自我与感官的领域，信心带领我们回到公义的法则，这法则是奠基于对神与祂话语的信心，惟有如此能使我们活出讨神喜悦的生活。

信心是堕落的解药。

摘要

信心是神永恒本质的一部分。祂透过出于信心的话语创造了整个宇宙。人本有神部分的形象，所以也有神三方面的本质：操练信心的能力、话语的能力、创造的能力。

因为神创造人时，就赋予人使用信心的能力，所以神把人摆放在需要使用信心的景况中。园子中的亚当并非持续与神本身有直接的连结，反而是透过神所吩咐的话语与神连结——允许、禁止和警告三方面的话语。

撒但为了使亚当远离神，就用迂回的方式接近他——透过夏娃这个「较软弱的器皿」。祂开始削弱夏娃对神话语的信心，先质疑，再直接否定。接着祂继续破坏她对神本身的信心，祂暗示她和她的丈夫不需要继续屈居劣势，只要吃下分别善恶的果子就可以与神同等。想要独立于神之外的渴望，就是导致犯罪的内在驱策力。

如此一来，夏娃就被说服放弃对不可见领域中的神和祂话语的信心，反而堕落到感官的领域中。树上的禁果使她面临三种基本的试探：肉体的情欲、眼目的情欲、今生的骄傲。夏娃落在较低层次的感官领域中，便再也无法抵挡这棵树的吸引力，她屈服于试探，并说服她的丈夫也如此行。

信心翻转导致人落入试探的过程。信心要求人不再相信感官和独立于神、高举自我的渴望，单单信靠不可见领域中的神和祂的话语。人对信心所求的回应，决定了人的命定。

以信心宣告神的保护

凡为攻击我造成的器械必不利用；
凡在审判时兴起用舌攻击我的，我必定他为有罪。
这是耶和华仆人的产业，我的公义在于祢，万军之耶和华。

若有人以恶言攻击我、咒诅我、
想要伤害我、恶待我、拒绝我，我都饶恕他们。
饶恕他们之后，我奉主的名祝福他们。*

现在我宣告，主啊，祢，唯独祢是公义的神、救主、
圣父、圣子、圣灵，除祢以外再无别神，我敬拜祢！

今天，我再次把我自己交托给祢，
毫不保留地全然顺服。
主啊，因着交托给祢，我要按着祢话语的指示而行。
我抵挡魔鬼，所有来自牠的压力、攻击、欺骗、
每一个牠试图利用来攻击我的人、事、物，我都不会屈服！
我抵挡牠，驱逐牠离开我，并奉耶稣的名命令牠不得靠近我。
我特别拒绝并赶出疾病、疼痛、感染、发炎、恶性肿瘤、过敏、
病毒、各种疾病的灵、各样的巫术与各种压力。**

主啊，最后我感谢祢，
透过耶稣在十字架上的牺牲，使我得以脱离咒诅的权势，
进入祢赏赐给亚伯拉罕的所有祝福，包括：
尊荣、健康、生养众多、丰盛、胜利、神的恩宠与神的友谊。

阿门。

---

*　在神面前说出你所需要饶恕的人，并且祝福他们
　　（参考马太福音五章 43 ～ 45 节，罗马书十二章 14 节）。

**　说出每一个攻击你或你家人的疾病或魔鬼
　　（参考加拉太书三章 13 ～ 14 节，创世记廿四章 1 节）。

中国大陆免费下载叶光明书籍和广播资源网站

w w w . y g m . s e r v i c e s

中文叶光明书籍和广播资源可以通过搜索
"Ye Guang Ming"或"YGM" 或 "叶光明"
下载应用程序到手机或平板电脑阅读和收听。

中国大陆索取叶光明书籍和讲道资源，
可以联系feedback@fastmail.cn

如何在智能手机上安装应用程序(App)

可复制网址到智能手机的浏览器，或使用二维码安装
适用于您智能手机的应用程序（App）

iPhone/iPad手机下载网址:

https://itunes.apple.com/sg/app/
ye-guang-ming-ye-guang-ming/
id1028210558?mt=8

若干安卓手机下载地址如下，供您选择:

https://play.google.com/store/
apps/details?id=com.subsplash.
thechurchapp.s_3HRM7X&hl

叶光明事工微信公众平台:

www.ingramcontent.com/pod-product-compliance
Lightning Source LLC
Chambersburg PA
CBHW060132050426
42448CB00010B/2085